簿記の基本技法 改訂版

BOOKKEEPING

田代　景子

三恵社

はしがき

　本書は、中村義彦・田代景子『簿記の基本技法』三恵社（平成 23 年）の改訂版である。元号が平成から令和となったことを機に、改訂版を刊行する運びとなった。もとより、『簿記の基本技法』は、第一執筆者である中村先生のご尽力によるところが大きかった。その改訂版においても同様と考えているが、中村先生のご指示にて、本書は田代が改訂し、単著として刊行させていただくこととなった。

　本書では、会計学・簿記の初学者の大学生を対象に、企業の財務諸表（貸借対照表・損益計算書）を正しく理解するための基礎知識（簿記会計）を習得することを目的とする。簿記会計は、約 500 年前から商人の英知を積み重ねて受け継がれてきた人類の文化遺産である。現代では世界共通のビジネスの言語として、企業経営上必要不可欠なものとして認知されている。

　簿記会計を学ぶ成果としては、企業経営と企業会計の関係について説明することができることがある。財産の保全とともに、不特定多数の利害関係者に対して、一定期間の経営成績についての情報および一定時点の財政情報についての情報を提供することは、簿記会計の普遍的な目的である。また、簿記会計の基本的な用語、八取引、仕訳と転記、経営成績を表示する損益計算書、財政状態を表示する貸借対照表などの財務諸表の作成に至る簿記一巡についての内容を説明できることも挙げられる。

　中央教育審議会(平成 24 年 8 月 28 日)「新たな未来を築くための大学教育の質的転換に向けて　〜生涯学び続き、主体的に考える力を育成する大学へ〜（答申）」において、大学教育の質的転換が示された。すなわち、「生涯にわたって学び続ける力、主体的に考える力を持った人材は、学生からみて受動的な教育の場では育成することができない。従来のような知識の伝達・注入を中心とした授業から、教員と学生が意思疎通を図りつつ、学生が主体的に問題を発見し解を見いだしていく能動的学修（アクティブラーニング）への転換が必要である。

　簿記会計の学修においては座学が基本であるが、大学教育の質的転換にも対応するためには、座学一辺倒から、座学にアクティブラーニングを導入していく、という方向性を模索することが妥当と思われる。著者は、LEGO®を用いた製造業の会計や、ボードゲームを不動産業に見立てたグループワークによる実践的な学修を実施してきた。その根底には、本書の「理論」と、アクティブラーニングによる「実践」の両輪の達成を企図しているものである。アクティブラーニングの導入による会計学の学びは、学会報告の機会も得たが、現在も試行錯誤している。今後も精進する所存である。

　最後に本書の出版に際して全面的なご支援とご協力を賜った、株式会社三恵社の木全哲也様と、中村義彦先生に、感謝の意を表する次第である。

令和 2 年 3 月 15 日

田代　景子

目　次

はしがき

第1章　単式簿記と複式簿記

┌─ 学習の要点 ─
(1) 簿記とは？

　簿記とは、帳簿記入の略語を意味するものである。が、一口に"簿記"と言っても、その内容は実に多岐に及んでいる。ここでは、簿記の特徴点をヨリ簡潔に理解するために、その計算機構より分類した**単式簿記**と**複式簿記**との相違点を把握することにする。

　単式簿記 ⇒ 例えば、小遣い帳や家計簿などを記録する場合に利用されるもの。

　複式簿記 ⇒ 事業を営んでいる会社の経営活動を記録する場合に利用されるもの。

(2) 複式簿記の記入法則

　必ず「原因」と「結果」という二側面より記録する方法である。

(1) 単式簿記とは…？

　単式簿記は、現金の収入と支出についてだけ記録をする方法である。小遣い帳や家計簿をつけるのは、基本的には現金残高を知ることが目的である。したがって、現金の収入や支出がない限り記録はおこなわれない。また、例えば自動車を購入したとしても、単式簿記において重要なのは、自動車を購入したことではなく**現金支出を記録**することにある。つまり、何に使ったかということはそれほど重要ではない。これは小遣い帳や家計簿には「いくら儲かったか」とか「自分の手許にいま何があるのか」という疑問の答えが期待されていないからである。現金残高と現金の使い道にのみ関心があるからである。

(2) 複式簿記とは…？

　複式簿記は、いわば**会社の簿記**です。つまり「いくら儲かったのか!?」を常に考えている人たちのための簿記である。したがって、現金がいくらあるかも重要だが、その一方で「現金支出により何を購入したのか」、あるいは「会社の中に何がいくらあるのか」といったことが分かることが重要となる。

　例えば、先ほどの自動車を購入したときの場合では、現金が減少した代わりに（会社で使う）自動車が手に入ったことになる。つまり、プラス・マイナスはゼロであり、会社にとっては、現金が自動車に代わったに過ぎない。結局、損も得もしていないことになる。

　このケースでの単式簿記と複式簿記との考え方の違いを、文章にすると次のようになる。すなわち、

　　　　単式簿記 …… 自動車を買ったから、お金が無くなった（金欠になった）。
　　　　複式簿記 …… お金は無くなったが、その代わりに自動車が手に入った。

　単式簿記の方では、自動車は現金支出の理由に過ぎない。つまり、現金だけを基準に捉えることになる。これに対して複式簿記では、現金と自動車を交換つまり現金の減少と自動車の増加というように、**一つの事象を二つの面から捉える**ことになる。この「二つの面から」というのが、「複式」の意味である。

　一般に「簿記」という場合には、この複式簿記を意味している。したがって、われわれが

勉強する簿記も、当然に複式簿記である。

(3) 簿記の記入法則

　どういうやり方でも記録を残す場合には、一定のルールが必要である。単式簿記の場合には小遣い帳や家計簿を思い出してみれば分かるように、現金の移動に合わせて収入欄または支出欄に金額記入がなされた。現金だけの記入ですから非常に簡単なわけである。

　複式簿記では、二つの面から捉えるわけですから、単式簿記のようにいわば一つだけのルールでは記録がおこなえない。自動車の購入の例でいえば、現金に関する記録のルールと自動車に関する記録のルールの組み合わせということになる。こういうと複式簿記のルールの数は大変なものとなるんじゃないかなぁ⁉　と思うかも知れませんが、全く心配いりません。自動車の購入については、次のように記録します。

```
(借方) 車両運搬具　×××　(貸方) 現　　金　×××
```

　このとき車両運搬具(簿記では自動車をこう呼ぶ)と現金は、同じルールで記入されている。具体的には、資産と呼ばれるカテゴリーのルールに基づいている。この資産のカテゴリーのルールは、増えるときには「借方」へ記入して、また減るときには「貸方」へ記入するというルールである。そこで、自動車(車両運搬具)は増えたわけであるから借方へ、また現金は減ったわけですから貸方へ記入されているわけである。

　簿記では、まずある項目がどのカテゴリーに分類されるのか、そして、そのカテゴリーの記入ルールはどうなっているのか、という問題をクリアすることが重要である。この段階がクリアできれば、次へのステップは容易である。次のステップ(第9章以降)は、具体的な項目(勘定科目)を身につけていくことでクリアできる。つまり、「現金」で処理しなければならないのはどういう場合か、という問題をクリアしていけば良いのである。

　さて、第1段階では5つのカテゴリーを把握することが重要である。具体的には、**資産・負債・純資産**(第2章)と**収益・費用**(第3章)である。これらのカテゴリーをそれぞれの記入ルールにもとづいて組み合わせたものが、**仕訳(簿記の記録形式)**である(第4章)。ここまで行けばシメタもの、あとはトレーニングの積み重ねで、実力はグングンとアップしていくのである。そして、最終目標は貸借対照表と損益計算書の作成である。

　なお今回、参考までに実務の実態を些かなりとも垣間見れるよう、第2章と第3章各末尾に実例の一部を転載することとした(*Tea Break* 欄を参照)。是非、興味の対象の一つに加えられるように…と念願するものである。

　さぁ、皆さん**‼**　気合いを入れて一緒に頑張りましょう**！**

第2章　簿記の要素（Ⅰ）　資産・負債・純資産

> ┌─ 学習の要点 ─┐
>
> **(1) ストック概念としての資産・負債・純資産**
>
> 　貸借対照表に表示される各項目、すなわち資産・負債・純資産の諸概念を明らかにすることが目的である。しっかりと勉強しよう！
>
> **(2) 純資産（資本）等式と貸借対照表等式**
>
> 　　　資　産　－　負　債　＝　純資産（資本）　…… 純資産（資本）等式
>
> 　　　資　産　＝　負　債　＋　純資産（資本）　…… 貸借対照表等式
>
> **(3) 貸借対照表の内容**
>
> 貸借対照表
>
> | 資　産 | 負　債 |
> | --- | --- |
> | | 純資産 |

(1) 貸借対照表項目の要素

① **資　産** ⇒ 保有していることによってプラス要素となる財産をいう。代表的なものは現金、土地、建物、備品などである。これらはいずれも売却して現金に換えることができます。

　　　上級レベルの簿記では換金できないものも出てきますが、3級レベルでは換金できる財産あるいは将来代金収入をもたらす権利（貸付金）を資産という、と考えてよいでしょう。

② **負　債** ⇒ 将来代金支出をもたらす債務であり、いわばマイナスの財産と理解してよいでしょう。代表的なものが借入金である。借入金とは、日常用語でいう借金であり、借金をすると現金収入があるかわりに、一定期日後には現金支出の義務を負うことになる。この借金をした時点で会社は現金というプラス要素の財産が増大して、他方で借入金というマイナス要素の財産が増大することになる（詳しくは第4章）。

③ **純資産** ⇒ たとえば、預金が¥1,000,000あり借金が¥400,000あるとき、正味の財産はいくらか。答えは、1,000,000－400,000＝600,000となるでしょう。純資産とは、この¥600,000を言います。つまり、プラスの要素である資産とマイナスの要素である負債との差額を資本と呼んでいます。この代表的なものとして資本金があります。

(2) 純資産（資本）等式と貸借対照表等式

　純資産とは、資産と負債の差額ですから、次のような式ができます。

資　産　－　負　債　＝　純資産

これを純資産（資本）等式と呼んでいます。すなわち、プラスの要素からマイナスの要素を引けば正味の財産が求められるということです。

　また、この等式の負債を右辺に移行すれば、

$$資\ 産\ =\ 負\ 債\ +\ 純資産$$

これを貸借対照表等式と呼んでいます。つまり、負債と純資産の合計額が資産の合計額になるということです。

(3) 貸借平均の原理

複式簿記は一つの取引を複数の視点から考えます。したがって、一つの取引を行ったときには、複数の科目を使って仕訳を行います。いま、簡単な例で考えてみよう。

【例1】¥100,000の借金をして現金を手にいれた。

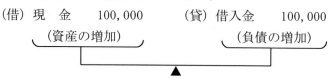

(借)現　金　100,000　　　(貸)借入金　100,000
　　(資産の増加)　　　　　　　(負債の増加)

【例2】土地¥10,000,000と建物¥5,000,000を購入し、代金を現金で支払った。

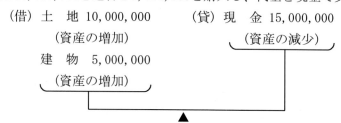

(借)土　地　10,000,000　　　(貸)現　金　15,000,000
　　(資産の増加)　　　　　　　(資産の減少)
建　物　5,000,000
　　(資産の増加)

借方の金額合計と貸方の金額合計は、必ず**一致**しなければなりません。これを貸借平均の原理といいます。【例2】が示しているように、勘定科目(土地や建物)の数ではなく、金額合計が一致しなければなりません。

$$(借)\ 10,000,000\ +\ 5,000,000\ =\ (貸)\ 15,000,000$$

(4) 貸借対照表

貸借対照表等式に基づいて作成される一覧表を貸借対照表という。つまり、左側(借方側)に資産の項目と金額を記入し、右側(貸方側)に負債と純資産の項目と金額を記入します。貸借平均の原理が示すように、借方側の合計金額と貸方側の合計金額は必ず一致しなければならない。

なお、貸借対照表は、企業の一定時点における財政状態を明らかにする重要な会計報告書の一つである。

問題1 次の項目を資産と負債と純資産に分類しなさい。

現金、資本金、土地、借入金、車両運搬具、未払金、貸付金、備品、預り金、建物

資　　産	
負　　債	
純 資 産	

問題2 次の場合に、問題1の項目をもとに借方側と貸方側にあげるべき項目を示せ。

		借　　　方	貸　　　方
①	借金をした		
②	現金を貸し付けた		
③	土地と建物を購入し代金は現金払い		
④	現金を預かった		

問題3 浜松商店の令和○年3月31日の資産・負債の内訳は次のとおりである。資産総額、負債総額、純資産の額をもとめよ。

現　　　金 ¥300,000　土　　　地 ¥700,000　未　払　金 ¥150,000

借　入　金 200,000　車両運搬具 500,000　備　　　品 50,000

資産総額		負債総額		純資産額	

Tea Break 決算公告の抜粋

第138期決算公告
平成22年4月4日

東京都千代田区大手町一丁目3番7号
株式会社日本経済新聞社
代表取締役社長 喜多恒雄

貸借対照表の要旨
（平成21年12月31日現在）
（単位：百万円）

資　産　の　部		負債及び純資産の部	
流　動　資　産	62,501	流　動　負　債	53,881
現金及び預金	19,049	支払手形及び買掛金	9,789
売　掛　金	12,382	短　期　借　入　金	19,310
そ　の　他	33,306	未　払　法　人　税　等	293
繰延税金資産	6,079	未払金及び未払費用	14,037
貸倒引当金	△8,316	賞　与　引　当　金	1,128
固　定　資　産	287,133	債務保証履行損失引当金	100
（有形固定資産）	(184,579)	関連事業損失引当金	367
建物及び設備	53,117	そ　の　他	8,855
機械及び装置	21,446	固　定　負　債	90,477
土　　地	104,059	長　期　借　入　金	19,300
そ　の　他	5,955	再評価に係る繰延税金負債	24,743
（無形固定資産）	(1,827)	退職給付引当金	35,202
（投資その他の資産）	(100,727)	役員退職慰労引当金	804
関係会社株式	58,690	そ　の　他	10,426
投資有価証券	13,479	負　債　合　計	144,359
そ　の　他	6,857	株　主　資　本	202,739
繰延税金資産	21,773	資　本　金	2,500
貸倒引当金	△73	資　本　剰　余　金	4
資　産　合　計	349,635	利　益　剰　余　金	200,235
		利　益　準　備　金	620
		その他利益剰余金	199,614
		評価・換算差額等	2,536
		その他有価証券評価差額金	3,212
		繰延ヘッジ損益	△3
		土地再評価差額金	△673
		純　資　産　合　計	205,276
		負債及び純資産合計	349,635

損益計算書の要旨
（自 平成21年1月1日
至 平成21年12月31日）
（単位：百万円）

科　　目	金　額
売　　上　　高	177,104
売　上　原　価	117,255
売　上　総　利　益	59,848
販売費及び一般管理費	67,052
営　業　損　失	7,204
営　業　外　収　益	1,840
営　業　外　費　用	803
経　常　損　失	6,166
特　別　利　益	3,641
特　別　損　失	1,285
税引前当期純損失	3,810
法人税、住民税及び事業税	60
法人税等調整額	△2,454
当　期　純　損　失	1,416

（ご参考）連結貸借対照表の要旨
（平成21年12月31日現在）
（単位：百万円）

資　産　の　部		負債及び純資産の部	
流　動　資　産	144,166	流　動　負　債	87,415
現金及び預金	70,939	支払手形及び買掛金	16,360
受取手形及び売掛金	28,786	短　期　借　入　金	21,010
そ　の　他	37,315	未　払　法　人　税　等	1,457
繰延税金資産	7,419	そ　の　他	48,587
貸倒引当金	△294	固　定　負　債	92,787
固　定　資　産	304,654	長　期　借　入　金	11,520
（有形固定資産）	(197,867)	再評価に係る繰延税金負債	24,743
建物及び構築物	57,304	退職給付引当金	46,135
機械及び運搬具	26,392	そ　の　他	10,388
土　　地	104,402	負　債　合　計	180,202
そ　の　他	9,768	株　主　資　本	245,424
（無形固定資産）	(14,862)	資　本　金	2,500
（投資その他の資産）	(91,924)	資　本　剰　余　金	4
投資有価証券	48,776	利　益　剰　余　金	242,919
そ　の　他	18,058	評価・換算差額等	1,691
繰延税金資産	25,525	少　数　株　主　持　分	21,502
貸倒引当金	△436	純　資　産　合　計	268,618
資　産　合　計	448,821	負債及び純資産合計	448,821

連結損益計算書の要旨
（自 平成21年1月1日
至 平成21年12月31日）
（単位：百万円）

科　　目	金　額
売　　上　　高	315,414
売　上　原　価	212,237
売　上　総　利　益	103,176
販売費及び一般管理費	106,963
営　業　損　失	3,787
営　業　外　収　益	1,667
営　業　外　費　用	1,589
経　常　損　失	3,709
特　別　利　益	1,524
特　別　損　失	4,949
税金等調整前当期純損失	7,134
法人税、住民税及び事業税	4,543
法人税等調整額	802
少　数　株　主　利　益	735
当　期　純　損　失	13,216

第3章　簿記の要素（Ⅱ）　収益・費用

(1) フロー概念としての収益・費用

　前章では資産、負債、純資産について触れた。また、それらに関する仕訳も一部分示した。しかし、そこで示した取引は資産（土地・建物）と資産（現金）の取引、あるいは資産（現金）と負債（借入金）の取引であった。これらの取引では損も得もしない。つまり、この取引の結果として正味の財産である "純資産の増減" があったわけではない。それでは会社は成り立たない。当然、損得をともなう取引がおこなわれる。

(2) 純損益（企業利益）の算定

　　損益法 …… 収　　　益　－　費　　　用　＝　純利益（純損失）

　　財産法 …… 期末純資産　－　期首純資産　＝　純利益（純損失）

(3) 損益計算書の内容

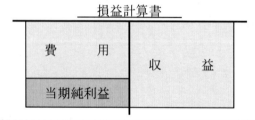

損益計算書

(1) 損益計算書項目の要素

① 収　　益 ⇒ 経営活動の結果として、純資産が増加する原因となる事柄をいう。収益について理解するために、次の例を考えてみよう。

　　　浜松商事の1月1日現在の資産、負債、純資産は次のとおりである。

　　　　資　産（現金￥200,000、預金￥100,000）　負　債（借入金￥ 50,000）

　　　　　　　　　　　　　　　　　　　　　　　　純資産（資本金￥250,000）

　　このとき預金の利息￥5,000を現金で受け取ったとしよう。資産（現金）の増加に対して資産の減少または負債の増加があったわけではないから、貸借平均の原理により資本が増加した ｛(205,000＋100,000)－50,000＝255,000｝ことになる。簿記ではこのような純資産の増加を別の要素（つまり**収益**）を設けて処理をする。

　　収益の代表的な勘定科目には、売上、受取手数料、受取利息、雑益などがある。このような勘定科目で収益の発生を具体的に示すのである。なお上記の取引を仕訳すると次のようになる。

　　　　　　　（借）現　　金　5,000　　（貸）受取利息　5,000

② 費　　用 ⇒ 経営活動の結果として、純資産が減少する原因となる事柄をいう。上記の例で借入金の利息￥3,000を現金で支払ったとしよう。資産（現金）の減少に対して、資産の増加または負債の減少があったわけではないから、貸借平均の原理により純資産が減少した ｛(197,000＋100,000)－50,000＝247,000｝ことになる。

　　簿記ではこのような純資産の減少を、別の要素（つまり**費用**）を設けて処理をする。

費用の代表的な勘定科目には、仕入、支払手数料、支払利息、雑費などがある。
このような勘定科目で費用の発生を具体的に示すのである。

(借) 支払利息　3,000　　(貸) 現　金　3,000

(2) 純損益の算定

　上例では収益は資産を増加させる取引で発生し、費用は資産を減少させる取引で発生する。収益の総額を総収益といい、費用の総額を総費用という。この両者の差額が純利益または純損失となります。つまり、純利益は純資産の増加を意味し、当然、純損失は純資産の減少を意味する。

　純損益の計算は取引ごとに行うわけではない。一定期間(通常は1年)に区切っておこなう。いま、上記の例で考えてみよう。

(a) 損益法による算式

　　総 収 益(受取利息)￥5,000－**総 費 用**(支払利息)￥3,000＝**純利益**￥2,000

(b) 財産法による算式

　　期末純資産(12/31)￥252,000－**期首純資産**(1/1)￥250,000＝**純利益**￥2,000

　　　　　　　　　　　　　　　　　　　　　　　　　　　　　　　一致

最初に述べたように収益と費用は、それぞれ資本を増加させるか減少させる項目ですから(a)と(b)のどちらの方法で純損益の計算をしても金額が一致する。

(3) 損益計算書

　損益計算書とは、一定期間の収益の発生原因別または費用の発生原因別とを対応表示した一覧表である。貸借対照表が一定時点における企業の財政状態(資産・負債・純資産がいくらあるか)を示すのに対して、損益計算書は、一定期間における企業の経営成績(発生原因別に収益・費用)を表示するものである。

　作成に当たっては、費用項目を借方側に、また収益項目は貸方側に記入する。

問題1

次の項目を収益と費用に分類し、純損益を計算しなさい。

受取利息　￥120,000　　支払利息　￥50,000　　給　料　￥80,000
雑　費　　15,000　　広 告 料　　10,000　　運賃収入　150,000

収　益	
費　用	
純 損 益	

問題2

次の表の空欄に適当な金額を記入せよ。

	期　　　　首			期　　　　末			総収益	総費用	純損益
	資　産	負　債	純資産	資　産	負　債	純資産			
⑦	65,000	32,000			30,000		68,000		25,000
⑦	85,000		32,000	75,000				35,000	12,000
⑦	48,000			57,000		35,000	42,000		△8,000
⑦		18,000	22,000		20,000		4,000	3,000	

Tea Break 『有価証券報告書』より一部抜粋

(単位：百万円)

	前事業年度 (平成20年3月31日)	当事業年度 (平成21年3月31日)
資産の部		
流動資産		
現金及び預金	48,758	50,322
受取手形	659	651
売掛金	※2 186,506	※2 152,461
有価証券	217,110	284,019
製品	88,032	―
半製品	5,366	―
商品及び製品	―	58,607
仕掛品	17,022	18,863
原材料	2,410	―
貯蔵品	6,019	―
原材料及び貯蔵品	―	9,500
前払費用	924	1,065
繰延税金資産	71,535	65,845
短期貸付金	474	574
関係会社短期貸付金	54,612	18,029
未収入金	※2 33,738	※2 40,603
その他	※4 25,774	※4 4,721
貸倒引当金	△98	△62
流動資産合計	758,848	705,203
固定資産		
有形固定資産		
建物（純額）	※1 47,399	※1 64,798
構築物（純額）	10,613	13,698
機械及び装置（純額）	44,515	65,308
車両運搬具（純額）	394	519
工具、器具及び備品（純額）	11,985	12,055
土地	※1 80,654	※1 84,677
建設仮勘定	21,025	4,033
有形固定資産合計	※3 216,589	※3 245,091
無形固定資産		
施設利用権	45	38
無形固定資産合計	45	38
投資その他の資産		
投資有価証券	124,013	94,211
関係会社株式	184,864	194,774
出資金	210	210
関係会社出資金	39,469	36,220
長期貸付金	16,186	19,788
関係会社長期貸付金	―	1,964
長期前払費用	218	180
繰延税金資産	95,084	117,879
その他	1,516	1,497
貸倒引当金	△13	△16
投資損失引当金	△6,947	△14,626
投資その他の資産合計	454,605	452,086
固定資産合計	671,239	697,216
資産合計	1,430,088	1,402,420

第4章　仕訳と転記

┌─ 学習の要点 ─────────────────────────────────────┐

(1) 仕訳の考え方

　複式簿記では取引を、資産・負債・純資産・収益・費用の各要素に属する勘定科目を
もとに仕訳を行う。この要素にそれぞれ記入ルールがある。仕訳の左側を「借方」また
右側を「貸方」と呼称する。このように分解した場合を**取引の8要素**といい、その組み
合わせ（**取引の結合図表**）は、以下のように示される。

（借　方）　　　　　　　　　　　　　（貸　方）

資　産　の　増　加（＋）　　　　　　資　産　の　減　少（－）

負　債　の　減　少（－）　　　　　　負　債　の　増　加（＋）

純資産の減少（－）　　　　　　　　　純資産の増加（＋）

費　用　の　発　生（＋）　　　　　　収　益　の　発　生（＋）

（注）もとより取引は10要素からなるが、収益・費用の消滅はあまりないという理由で省略して、通常、
　　　取引の8要素と名付けている。
　　　　点線（…）で示した取引は、原則としてあまり発生しない。なお、純資産の減少↔収益の発生という
　　　取引は、資本・利益区分の原則により存在しない。

(2) 転記の仕方

　転記とは、仕訳によって示された借方と貸方とを元帳勘定（T字形）に記録する過程を
を意味し、その手続は、借方側の項目より開始し、次に貸方側の項目を移記する。

└──┘

(1) 仕訳の考え方

　複式簿記は、資産・負債・純資産・収益・費用の各要素の組み合わせで成り立っている。
では、実際にどう考えるのか…!?　具体的なケースで検討してみよう。

【例】銀行から¥100,000を借入れ、現金で受け取った。

　① 「現金で受け取った」のだから、現金→プラスの要素→資産→増加となって

　　　（借）現　　　金　100,000

　② 「銀行から……借入れた」のだから、借金→マイナスの要素→負債→増加となって

　　　　　　　　　　　　　　　　　（貸）借　入　金　100,000

　③ ①と②を組み合わせて

　　　（借）現　　　金　100,000　　　（貸）借　入　金　100,000

　仕訳とは、取引を複数の観点からみて、勘定科目を組み合わせて記録するものである、と
いえる。したがって、いずれの取引でも①～③のプロセスを経ることになる。勿論、慣れて
くると即座に③が出来てくるようになる。よって、簿記の問題は、この①～③のプロセスを
適切な勘定科目でルールにしたがって行うことが基本である。

(2) 転記の仕方

　仕訳の次には、各勘定口座に日付、相手科目および金額を記入する。この手続きを、**転記**
という。ここでは簡略型の勘定（T勘定）への記入を示す。

【例】 4月10日　事務用の机(簿記では備品という)を¥80,000で購入し、代金は現金で支払った。

4/10　(借)　備　　品　80,000　　(貸)　現　　金　80,000

	備　　品　4			現　　金　1	
-> 4/10 現金 80,000				4/10 備品80,000	<---

＜ポイント＞

①　勘定への記入法則(借方・貸方記入)は、仕訳の記入法則と同じ。つまり、資産(備品)の場合には、資産の増加(備品の購入)はT勘定の左側(借方)に金額が記入される。したがって、資産が減少(現金の支出)した場合には、右側に(貸方)に記入される。

②　次に、相手科目を記入する。備品の勘定に日付・金額が記入されてから相手(貸方)側の科目(現金)を記入する。その相手科目が二つ以上の場合には、相手科目は記入せずに諸口(しょくち)と記入する。

問題1　次の文章の(　　)に適語を記入せよ。

(1)　電気代¥2,500を現金で支払った。この取引を仕訳すると、「現金で支払った」のだから、現金→(　　　　)→(　　　)→(　　　)だから

(貸)(　　　　　)(　　　)

つぎに、現金の減少のかわりに資産や負債の増減があったわけではないから、「電気代」は電気代→費用が発生したことから→(　　)→(　　)だから、適切な勘定科目をつかって

(借)(　　　　　)(　　　)

これを組み合わせて仕訳が完成する

(借)(　　　　　)(　　　)　　(貸)(　　　　　)(　　　)

(2)　借金¥200,000を利息¥10,000とともに現金で銀行に返済した。この取引を仕訳すると「現金で…返済した」のだから、現金→(　　　　)→(　　)→(　　)だから

(貸)(　　　　　)(　　)

つぎに、借金の返済だから借金→(　　　　)→(　　)→(　　)だから

(借)(　　　　)(　　)

しかし、この段階では借方金額は(　　　)であり、貸方金額は(　　　)であるから、金額が一致しない。差額の(　　　)は利息であり、利息の支払は資産や負債の増減ではないから「利息の支払」→費用が発生したことから→(　　)→(　　)だから、適切な勘定科目を使って

(借)(　　　　)(　　)

これらを組み合わせて仕訳が完成する

(借)(　　　　)(　　)　　(貸)(　　　　)(　　)

(借)(　　　　)(　　)

次の取引を仕訳せよ。
① 銀行から利息￥10,000を現金で受け取った。
② 給料￥100,000を現金で支払った。
③ 代理店から手数料として￥30,000を現金で受け取った。
④ 中古の商用車￥500,000を購入し、代金は現金で支払った。
⑤ 借金￥100,000を利息￥10,000とともに現金で支払った。

	借　　方	金　　額	貸　　方	金　　額
①				
②				
③				
④				
⑤				

問題3　上記の仕訳を下記の勘定口座に転記せよ。

現　　金　　　　　1

前期繰越　700,000

車両運搬具　　　　2

借　入　金　　　　3

前期繰越　100,000

受　取　利　息　　4

受取手数料　　　　5

給　　料　　　　　6

支　払　利　息　　7

第5章　仕訳帳と総勘定元帳

(1) 仕訳帳と総勘定元帳との関連性

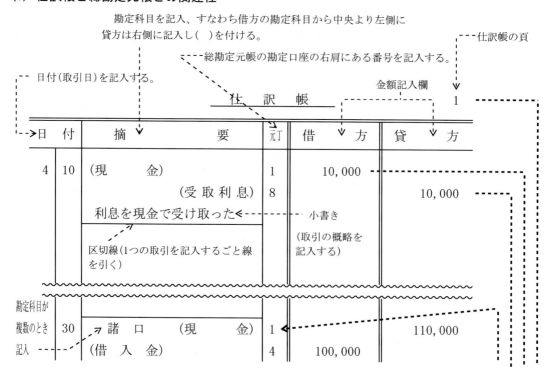

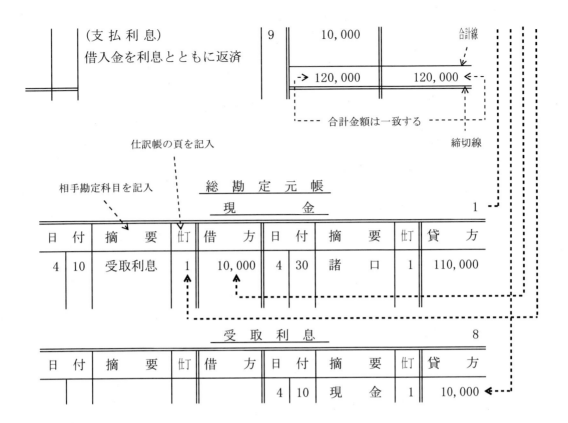

(支 払 利 息)
借入金を利息とともに返済

9   10,000

合計線

-> 120,000   120,000 <-

-------- 合計金額は一致する --------

締切線

仕訳帳の頁を記入

相手勘定科目を記入

総 勘 定 元 帳

現   金   1

日 付		摘 要	仕丁	借 方	日 付		摘 要	仕丁	貸 方
4	10	受取利息	1	10,000	4	30	諸 口	1	110,000

受 取 利 息   8

日 付		摘 要	仕丁	借 方	日 付		摘 要	仕丁	貸 方
					4	10	現 金	1	10,000

問題 1　次の取引を仕訳帳に記入し、総勘定元帳に転記しなさい。

5月15日　商用車￥650,000を購入し、現金で支払った。

5月17日　手数料￥15,000を現金で受け取った。

仕 訳 帳   1

日 付		摘 要	元丁	借 方	貸 方

総 勘 定 元 帳

現 金　　　　　　　　　　　　　　　　　　1

日 付	摘 要	仕丁	借 方	日 付	摘 要	仕丁	貸 方

車両運搬具　　　　　　　　　　　　　　3

日 付	摘 要	仕丁	借 方	日 付	摘 要	仕丁	貸 方

受取手数料　　　　　　　　　　　　　　8

日 付	摘 要	仕丁	借 方	日 付	摘 要	仕丁	貸 方

■■■ *Tea Break* ～ 目指せ 会計プロフェッショナル ～ ■■■

　会計プロフェッショナルの代名詞である**公認会計士**の試験制度が、2006年度より大きく変わった。この試験は、公認会計士に必要な学識及びその応用能力等を有するか否か判定することを目的として、短答式(マークシート方式)及び論文式による筆記試験で行われます。

　今回、この公認会計士試験が大きく改正され、受験しやすくなった。

＜試験制度の概要＞

| 短答式試験 | …… つまり、諸君が大学受験で経験したマークシート試験である。**財務会計論**(簿記・財務諸表論)、**管理会計論**、**監査論**及び**企業法**について行われる。

↓

| 論文式試験 | …… 短答式の合格者が受験する。この試験の出題範囲は、必須科目である**会計学**(財務会計論・管理会計論)、**監査論**、**企業法**、**租税法**そして選択科目(**経営学**、**経済学**、**民法**、**統計学**の内から１科目)の５科目について実施される。

　合格者に対して、実務補習と業務補助（２年以上）による"実務経験"を経て、その修了を確認して登録が認可される。

↓

| 公認会計士 | …… 公認会計士協会に登録する。

　この試験に合格するには、日商２級までの簿記の基礎知識をしっかり身につけて、是非、１級合格することである。先ず３級から出発し、目標を定め積極的に挑戦しよう…*!!*

第6章　簿記一巡の流れ（Ⅰ）　～試算表（1）～

┌─ 学習の要点 ─────────────────────────────────┐

(1) 試算表とは…？

　試算表は、すべての取引が正しく仕訳され、元帳への転記が正しく行われているか否かを確かめるために作成される。すなわち、次の**試算表等式**を確認する作業でもある。

$$資産（A）＋費用（E）＝負債（L）＋純資産（C）＋収益（R）$$

　試算表の種類は、その形式を基準として、次のように分類される。

㋐　合計試算表 … 各勘定口座の貸借合計額を一表に示した集計表をいう。

㋑　残高試算表 … 各勘定口座の貸借いずれかの残高を一表に示した集計表をいう。

㋒　合計残高試算表 … ㋐と㋑の数値を一表に示した集計表をいう。

└──┘

＜試算表の作成例＞

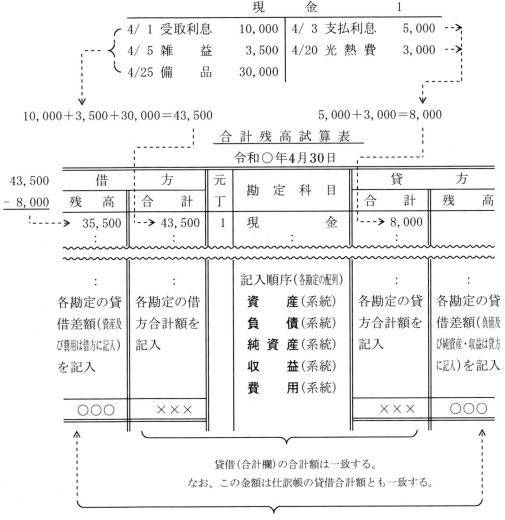

	現　　　金		1
4/ 1 受取利息	10,000	4/ 3 支払利息	5,000
4/ 5 雑　　益	3,500	4/20 光 熱 費	3,000
4/25 備　　品	30,000		

10,000＋3,500＋30,000＝43,500　　　　　5,000＋3,000＝8,000

合 計 残 高 試 算 表
令和○年4月30日

43,500	借　　　　方		元丁	勘 定 科 目	貸　　　　方	
− 8,000	残　高	合　計			合　計	残　高
→	35,500	43,500	1	現　　　金	8,000	

各勘定の貸借差額（資産及び費用は借方に記入）を記入 ｜ 各勘定の借方合計額を記入 ｜ **記入順序**(各勘定の配列) **資産**(系統) **負債**(系統) **純資産**(系統) **収益**(系統) **費用**(系統) ｜ 各勘定の貸方合計額を記入 ｜ 各勘定の貸借差額（負債及び純資産・収益は貸方に記入）を記入

○○○　　×××　　　　　　　　×××　　○○○

貸借(合計欄)の合計額は一致する。
なお、この金額は仕訳帳の貸借合計額とも一致する。

貸借(残高欄)の合計金額は一致する。

問題1 次の仕訳結果をT字形の勘定口座に転記し、4月30日の残高試算表を作成せよ。

4/ 5	現	金	100,000	借 入 金	100,000
8	給	料	50,000	現 金	50,000
10	現	金	150,000	売 上	150,000
18	備	品	80,000	現 金	80,000
25	光 熱 費		10,000	現 金	10,000

現　　金　　　　　　1
4/1 前期繰越 350,000 ｜

備　　品　　　　　　2

借　入　金　　　　　3
　　　　4/1 前期繰越 50,000

資　本　金　　　　　4
　　　　4/1 前期繰越 300,000

売　　上　　　　　　5

給　　料　　　　　　6

光　熱　費　　　　　7

残　高　試　算　表
令和○年4月30日

借　　方	元丁	勘　定　科　目	貸　　方

- 16 -

次の総勘定元帳から合計残高試算表を作成せよ。

現　金　　　1		貸付金　　　2		車両運搬具　　3	
1,000,000	30,000	80,000		200,000	
82,000	2,000				
200,000	200,000				
7,000	6,000				
114,000	20,000				
	80,000				

備　品　　　4		借入金　　　5		資本金　　　6	
30,000			200,000		1,000,000

売　上　　　7		受取手数料　　8		給　料　　　9	
	114,000		7,000	20,000	
	82,000				

光熱費　　　10		支払利息　　　11	
2,000		6,000	

合　計　残　高　試　算　表

令和○年○月○日

借　　方		元丁	勘　定　科　目	貸　　方	
残　高	合　計			合　計	残　高

第7章　簿記一巡の流れ（Ⅱ）〜精算表（1）〜

```
┌─ 学習の要点 ─────────────────────────────────────────────┐
```

(1) 精算表とは…？

　精算表とは、決算手続の流れを概観し、決算整理に必要な運算および決算結果を把握しうるように要約した表である。すなわち、精算表は、残高試算表を基礎に損益計算書と貸借対照表とに分解して作成する一連の手続表（**決算運算表**）である。

　要するに、試算表等式の両辺に利益を加えても貸借は一致する（精算表等式）のであるから、精算表等式は、次の貸借対照表等式と損益計算書等式とに分解される。

$$資産(A)＋費用(E)＋利益(P)＝負債(L)＋純資産(C)＋収益(R)＋利益(P)$$

$$\downarrow$$

$$資産(A)＝負債(L)＋純資産(C)＋利益(P)$$

$$費用(E)＋利益(P)＝収益(R)$$

(2) 精算表の種類

　精算表には、金額欄の「桁数」より、6桁精算表と8桁精算表とがある。後者が一般的であるが、ここでは6桁精算表を扱うこととする。その雛形は、以下の通りである。

精　算　表

勘定科目	残高試算表		損益計算書		貸借対照表	
	借　方	貸　方	借　方	貸　方	借　方	貸　方

～～～～						

精　算　表

勘定科目	残高試算表		整理記入		損益計算書		貸借対照表	
	借　方	貸　方	借　方	貸　方	借　方	貸　方	借　方	貸　方

～～～～								

＜作成ポイント＞

(1)　6桁精算表の場合には、残高試算表の金額が損益計算書か貸借対照表にそのまま記入される。

(2)　勘定科目の配列は、資産⇒負債⇒純資産⇒収益⇒費用の順序で配列される。すなわち、具体的には「資本金」と「売上」のところで線がひかれて、資本金より上は貸借対照表の領域であり、また売上より下は損益計算書の領域区分となっている。

(3)　借方と貸方の金額記入は、残高試算表で記入されている通りに移記される。たとえば、「現金」は残高試算表の借方に記入されているので、貸借対照表でも借方に移記される。

(4)　損益計算書欄の貸借差額（純損益）を算出して、残高を損益計算書欄の反対側に**赤字**で移記し貸借平均せさて締め切る。次いで、この残高を貸借対照表の貸方に移記する。

　　なお、損益計算書欄の残高が借方残高であれば、当期純損失（この場合、赤字記入と

せず)となり、その結果、この残高は貸借対照表の借方に移記されることとなる。

(5) 貸借対照表欄の貸借差額(損益計算書欄から移記された数値と一致)を確認して、貸借対照表欄を締め切る。

精　算　表

勘 定 科 目	残 高 試 算 表		損 益 計 算 書		貸 借 対 照 表	
資産系統の勘定	○○ ----➤		-------	----➤	○○	
現　　　金	100,000				100,000	
負債系統の勘定		○○ ----➤		----➤		○○
借　入　金		50,000				50,000
純資産系統の勘定		○○ ----➤		----➤		○○
資　本　金		30,000				30,000
収益系統の勘定		○○ ----➤		○○		
売　　　上		50,000		50,000		
費用系統の勘定	○○ ----➤		○○			
給　　　料	30,000		30,000			
当 期 純 利 益			**20,000**			20,000
	130,000	130,000	50,000	50,000	100,000	100,000

問題1　次の精算表を完成させよ。

(1)

精　算　表

勘 定 科 目	残 高 試 算 表		損 益 計 算 書		貸 借 対 照 表	
現　　　金	60,000					
貸　付　金	40,000					
車 輛 運 搬 具	37,000					
備　　　品	10,000					
資　本　金		90,000				
売　　　上		112,000				
給　　　料	50,000					
支 払 利 息	5,000					
当期(　　　　)						
	202,000	202,000				

(2)

精 算 表

勘定科目	残高試算表		損益計算書		貸借対照表	
現　　　金	65,000				(　　　)	
貸　付　金	(　　　)				(　　　)	
車輛運搬具	100,000				100,000	
借　入　金		(　　　)				250,000
資　本　金		300,000				(　　　)
売　　　上		(　　　)		(　　　)		
給　　　料	50,000		50,000			
広　告　料	(　　　)		15,000			
当期(　　　)			**25,000**			(　　　)
(　　　)	(　　　)	(　　　)	90,000	(　　　)	(　　　)	(　　　)

　複式簿記とは、企業の経営活動を写像する技術を担当する会計技法であり、その活動源泉は下掲に図示されるように「取引」に求められている。勿論、取引という用語(法)は、日常茶飯事的に使用されるものであるが、簿記上のそれと果たして同義であるのか否か…!?　を熟知しておくことが必要である。

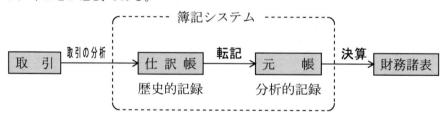

　社会通念上で考える「取引」と、簿記上の「取引」とでは概念が相違する。前者は商行為すなわち営業上の交渉を意味するが、後者は資産・負債・純資産・収益・費用に増減変化をもたらす事象を意味している。その結果、両者の取引概念は以下のように相違する。

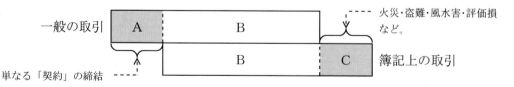

　以上より、取引が領域(B)(C)として認識される限り、簿記上の取引であるので必ず記録(仕訳)しなければならないのである。日商「簿記」検定試験で、解答に「仕訳なし」と記述させる問題も散見されるが、これは領域(A)の取引つまり簿記上では似非取引である旨の理解を求めた出題である。

問題2　次の総勘定元帳残高から、精算表を作成せよ。

現　　　金 ¥ ?		貸　付　金 ¥ 350,000		車両運搬具 ¥ 650,000	
建　　　物 800,000		備　　　品 250,000		借　入　金 232,000	
資　本　金 1,850,000		売　　　上 480,000		受取利息 65,000	
給　　　料 450,000		支払家賃 45,000		雑　　　費 22,000	

精　算　表

勘定科目	残高試算表		損益計算書		貸借対照表	
現　　金						
貸　付　金						
車両運搬具						
建　　物						
備　　品						
借　入　金						
資　本　金						
売　　上						
受取利息						
給　　料						
支払家賃						
雑　　費						

第8章 決 算(1)

(1) 決算手続の流れ

決算の諸手続は、通常、以下の手順で行われる。

決算予備手続	1. 仕訳帳(日常の取引)の締切
	2. 試算表の作成
	3. 棚卸表の作成と決算整理
	4. (精算表の作成)*　　　　　　　　* 予備手続に含めないこともある。
決 算 本 手 続	1. 総勘定元帳の締切
	① 収益・費用の各勘定残高の**損益勘定**への振替
	② 損益勘定で計算された当期純利益(または当期純損失)の**資本金勘定**への振替
	③ 収益・費用の各勘定と損益勘定の締切
	④ 資産・負債の各勘定と資本金勘定の締切
	2. 繰越試算表の作成
	3. 仕訳帳(決算取引)の締切
財務諸表作成 (決算報告)	1. 損益計算書の作成
	2. 貸借対照表の作成

(2) 総勘定元帳の締切

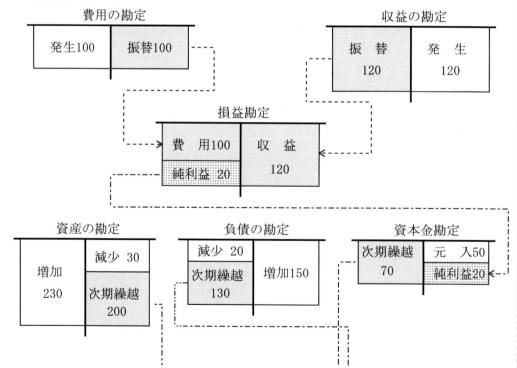

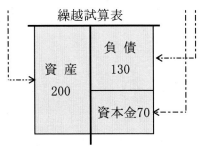

繰越試算表

資　産	負　債
200	130
	資本金70

<注> 損益計算書は、主として損益勘定に基づいて作成される。また貸借対照表は、資産・負債・純資産の各勘定残高(次期繰越)や、繰越試算表に基づいて作成される。

(1) 元帳の締切

(a) 収益・費用の各勘定の締切

① 収益の各勘定の残高を損益勘定の貸方に振り替え、収益の勘定を締め切る。

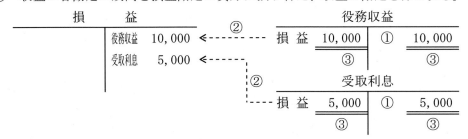

損益勘定の貸方に収益項目を、費用項目を借方に集合させる。役務収益や受取利息勘定は、収益に属する項目だから、決算時点では貸方に残高が生じる(役務収益と受取利息勘定の①の状態)。この残高を損益勘定の貸方に移し替える。この移し替えのために行われる仕訳を**振替仕訳**と呼ぶ。上記の場合では、

4/30	役務収益	10,000	損　益	10,000
4/30	受取利息	5,000	損　益	5,000

となる。上記の仕訳を勘定に転記する(②の動き)。転記の結果、収益の各勘定の貸借金額を一致させて勘定を締め切る(③の作業)。もちろん、貸方科目「損益」を個々に記載しないで、合計額(15,000)でもって記載しても妥当である。

② 費用の各勘定の残高を損益勘定の借方に振り替え、費用の勘定を締め切る。当然、ここでは収益の場合と"逆"になる点に注意。

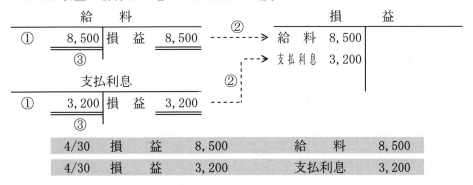

4/30	損　益	8,500	給　料	8,500
4/30	損　益	3,200	支払利息	3,200

③　最後に損益勘定の残高を資本金勘定に振り替えて損益勘定を締め切る。

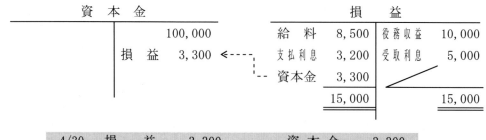

資　本　金			
			100,000
	損　益	3,300 ◀----	

損　益				
給料	8,500	役務収益	10,000
支払利息	3,200	受取利息	5,000
資本金	3,300		
	15,000		15,000

> 4/30　損　益　　3,300　　　　資本金　　　3,300

　　損益勘定が貸方残高のときは、純利益となり資本金勘定の貸方へ振り替える。逆に借方残高のときは、純損失となり資本金勘定の借方へ振り替える。

(b) 資産・負債・純資産の各勘定の締切

現　　金			
100,000			30,000
		4/30 次期繰越	70,000
100,000			100,000
5/1 前期繰越	70,000		

　　借方残高の場合には、その差額(70,000)を貸方側に"**次期繰越**"と記入(**朱記**)し、貸借それぞれの合計金額を一致させて締め切る。また同時に、締切線の次に決算日の翌日付で"前期繰越"と**開始記入**を行う。この決算方法を**英米式決算法**という。
　　繰越記入と開始記入は、仕訳帳を経由しないで直接に総勘定元帳で行われるので、勘定口座の仕丁欄には、√(チェックマーク)を記入する。

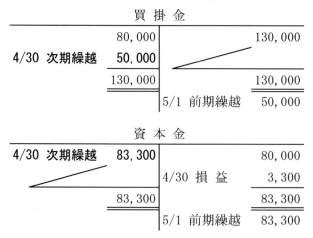

買　掛　金			
80,000			130,000
4/30 次期繰越	50,000		
130,000			130,000
		5/1 前期繰越	50,000

資　本　金			
4/30 次期繰越	83,300		80,000
		4/30 損益	3,300
83,300			83,300
		5/1 前期繰越	83,300

　　負債・純資産についても同じ要領でおこなう。ただし、純資産(資本金)については損益勘定からの純利益(純損失)の振り替えが行われてから、同じ要領で締め切る。

(2) 繰越試算表の作成

　　繰越記入が正しく行われているか否かを確認するために、繰越試算表が作成される。

【例題】次に示す総勘定元帳に基づいて合計残高試算表を作成し、これら総勘定元帳を英米式決算法に依拠して帳簿締切をおこない、併せて、損益計算書および貸借対照表を作成しなさい。

	現　　金	1
4/1 前期繰越 350,000	4/2	50,000
5　　150,000	4	250,000
9　　 40,000	10	30,000
15　　300,000	20	101,000
18　　 10,000	25	80,000
	27	5,000
	28	4,000

	消　耗　品	2
4/12　　30,000		

	備　　品	3
4/1 前期繰越 100,000		
2　　 50,000		

	未　払　金	4
	4/12	30,000

	借　入　金	5
4/20　　100,000	4/1 前期繰越 150,000
	9　　 40,000

	資　本　金	6
	4/1 前期繰越 300,000

	雑　　費	12
4/28　　 4,000		

	車両賃借料	7
4/4　　250,000		

	運　送　収　益	13
	4/5	150,000
	15	300,000

	支　払　家　賃	8
4/10　　30,000		

	受取手数料	14
	4/18	10,000

	給　　料	9
4/25　　80,000		

	損　　益	15

	光　熱　費	10
4/27　　 5,000		

	支　払　利　息	11
4/20　　 1,000		

- 25 -

【解説】
　各勘定口座の借方合計額と貸方合計額を集めて合計試算表を作成する。試算表の借方欄の合計額と貸方欄の合計額を計算し、一致することを確かめて、その合計額を記入する。
　また、各勘定口座の残高を集めて作成するのが残高試算表である。その際、勘定口座の残高が借方にあれば、試算表の借方の金額欄に、貸方にあれば貸方の金額欄に記入する。

合 計 残 高 試 算 表
令和○年4月30日

借 方 残 高	借 方 合 計	元丁	勘 定 科 目	貸 方 合 計	貸 方 残 高
330,000	850,000	1	現　　　　金	520,000	
30,000	30,000	2	消　耗　品		
150,000	150,000	3	備　　　　品		
		4	未　払　金	30,000	30,000
	100,000	5	借　入　金	190,000	90,000
		6	資　本　金	300,000	300,000
250,000	250,000	7	車 両 賃 借 料		
30,000	30,000	8	支 払 家 賃		
80,000	80,000	9	給　　　　料		
5,000	5,000	10	光　熱　費		
1,000	1,000	11	支 払 利 息		
4,000	4,000	12	雑　　　　費		
		13	運 賃 収 益	450,000	450,000
		14	受 取 手 数 料	10,000	10,000
880,000	1,500,000			1,500,000	880,000

　費用・収益の各勘定残高は損益勘定に振り替えられ、続いて損益勘定の残高は資本金勘定に振り替えられる。この結果、収益・費用の各勘定と損益勘定は、それぞれ借方合計額と貸方合計額が一致するから、これらの勘定をすべて締め切る。

仕 訳 帳

日 付		摘　　　　要	元丁	借 方	貸 方
		決 算 仕 訳			
4	30	諸口　　　　　（損　　益）	15		460,000
		（運 賃 収 益）	13	450,000	
		（受取手数料）	14	10,000	
		収益の各勘定の振替			
	〃	（損　　益）　　　　　諸口	15	370,000	
		（車両賃借料）	7		250,000

		(支払家賃)	8		30,000
		(給　料)	9		80,000
		(光　熱　費)	10		5,000
		(支払利息)	11		1,000
		(雑　費)	12		4,000
	費用の各勘定の振替				
〃		(損　益)	15	90,000	
		(資　本　金)	6		90,000
	当期純利益の振替				
				920,000	920,000

各勘定の締切結果を示せば、以下の通りである。

現　金　　1			
4/1 前期繰越 350,000	4/2		50,000
5	150,000	4	250,000
9	40,000	10	30,000
15	300,000	20	101,000
18	10,000	25	80,000
		27	5,000
		28	4,000
		30 次期繰越	330,000
	850,000		850,000
5/1 前期繰越 330,000			

消　耗　品　　2			
4/12	30,000	4/30 次期繰越	30,000
5/1 前期繰越 30,000			

備　品　　3			
4/1 前期繰越 100,000		4/30 次期繰越	150,000
2	50,000		
	150,000		150,000
5/1 前期繰越 150,000			

未　払　金　　4			
4/30 次期繰越	30,000	4/12	30,000
		5/1 前期繰越	30,000

資　本　金　　6			
4/30 次期繰越 390,000	4/1 前期繰越	300,000
	30 損益	90,000
390,000		390,000
	5/1 前期繰越	390,000

借　入　金　　5			
4/20	100,000	4/1 前期繰越	150,000
4/30 次期繰越	90,000	9	40,000
	190,000		190,000
		5/1 前期繰越	90,000

車両賃借料　　7			
4/2	250,000	4/30 損益	250,000

光　熱　費　　10			
4/27	5,000	4/30 損益	5,000

支　払　家　賃　　8			
4/10	30,000	4/30 損益	30,000

支　払　利　息　　11			
4/20	1,000	4/30 損益	1,000

給　料　　9			
4/25	80,000	4/30 損益	80,000

雑　費　　12			
4/28	4,000	4/30 損益	4,000

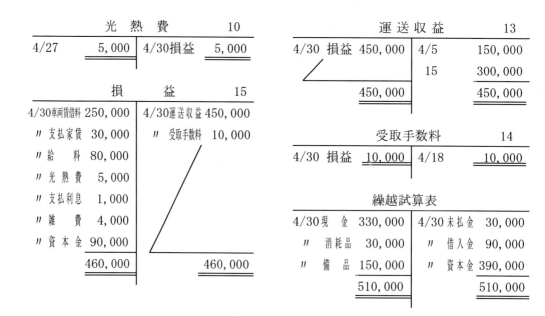

光　熱　費			10
4/27	5,000	4/30損益	5,000

損　　　　益			15
4/30車両賃借料	250,000	4/30運送収益	450,000
〃 支払家賃	30,000	〃 受取手数料	10,000
〃 給　料	80,000		
〃 光熱費	5,000		
〃 支払利息	1,000		
〃 雑　費	4,000		
〃 資本金	90,000		
	460,000		460,000

運　送　収　益			13
4/30 損益	450,000	4/5	150,000
		15	300,000
	450,000		450,000

受取手数料			14
4/30 損益	10,000	4/18	10,000

繰越試算表			
4/30現　金	330,000	4/30未払金	30,000
〃 消耗品	30,000	〃 借入金	90,000
〃 備　品	150,000	〃 資本金	390,000
	510,000		510,000

損　益　計　算　書

令和〇年4月1日から平成〇年4月30日まで

費　用	金　額	収　益	金　額
車両賃借料	250,000	運送収益	450,000
支払家賃	30,000	受取手数料	10,000
給　料	80,000		
光　熱　費	5,000		
支払利息	1,000		
雑　　費	4,000		
当期純利益	90,000		
	460,000		460,000

貸　借　対　照　表

令和〇年4月30日

資　　産	金　額	負債・純資産	金　額
現　　金	330,000	未　払　金	30,000
消　耗　品	30,000	借　入　金	90,000
備　　品	150,000	資　本　金	300,000
		当期純利益	90,000
	510,000		510,000

問題1 下掲に示す総勘定元帳を基礎として合計残高試算表を作成し、この総勘定元帳を締切るために必要な振替仕訳を示し総勘定元帳の締切を行い、併せて、精算表を作成するとともに損益計算書と貸借対照表をも作成せよ。

	現　　金	1
5/1 前期繰越 200,000	5/8	45,000
7　　　150,000	9	55,000
10　　　300,000	24	200,000
15　　　150,000	25	50,000
18　　　35,000	29	35,000
19　　　250,000		

	建　　物	2
5/1 前期繰越　450,000	5/15	150,000

	備　　品	3
5/1 前期繰越　100,000		
9　　　55,000		

	借　入　金	4
	5/1 前期繰越 350,000
	7　　　150,000

	資　本　金	5
	5/1 前期繰越 400,000

	役　務　収　益	6
	5/10　　300,000
	19　　　250,000

	受取手数料	7
	5/18　　35,000

	給　　料	8
5/24　　200,000	

	広　告　料	9
5/8　　45,000	

	損　　益	12

	支　払　家　賃	10
5/25　　50,000	

	支　払　利　息	11
5/29　　35,000	

合 計 残 高 試 算 表

令和〇年5月31日

借 方		元丁	勘 定 科 目	貸 方	
残 高	合 計			合 計	残 高
-	-			-	-
-	-			-	-
-	-			-	-
-	-			-	-
-	-			-	-
-	-			-	-
-	-			-	-
-	-			-	-
-	-			-	-
-	-			-	-

振替仕訳

借 方	金 額	貸 方	金 額

精　算　表

勘 定 科 目	残 高 試 算 表		損 益 計 算 書		貸 借 対 照 表	
- - - - - - -	- - - - -	- - - - -	- - - - - -	- - - - - -	- - - - -	- - - - -
- - - - - - -	- - - - -	- - - - -	- - - - - -	- - - - - -	- - - - -	- - - - -
- - - - - - -	- - - - -	- - - - -	- - - - - -	- - - - - -	- - - - -	- - - - -
- - - - - - -	- - - - -	- - - - -	- - - - - -	- - - - - -	- - - - -	- - - - -
- - - - - - -	- - - - -	- - - - -	- - - - - -	- - - - - -	- - - - -	- - - - -
- - - - - - -	- - - - -	- - - - -	- - - - - -	- - - - - -	- - - - -	- - - - -
- - - - - - -	- - - - -	- - - - -	- - - - - -	- - - - - -	- - - - -	- - - - -
- - - - - - -	- - - - -	- - - - -	- - - - - -	- - - - - -	- - - - -	- - - - -
- - - - - - -	- - - - -	- - - - -	- - - - - -	- - - - - -	- - - - -	- - - - -
- - - - - - -	- - - - -	- - - - -	- - - - - -	- - - - - -	- - - - -	- - - - -
- - - - - - -	- - - - -	- - - - -	- - - - - -	- - - - - -	- - - - -	- - - - -
- - - - - - -	- - - - -	- - - - -	- - - - - -	- - - - - -	- - - - -	- - - - -

損 益 計 算 書
令和〇年５月１日から平成〇年５月31日まで

費　　用	金　　額	収　　益	金　　額
- - - - - - -	- - - - - - -	- - - - - - -	- - - - - - -
- - - - - - -	- - - - - - -	- - - - - - -	- - - - - - -
- - - - - - -	- - - - - - -	- - - - - - -	- - - - - - -
- - - - - - -	- - - - - - -	- - - - - - -	- - - - - - -
- - - - - - -	- - - - - - -	- - - - - - -	- - - - - - -
- - - - - - -	- - - - - - -	- - - - - - -	- - - - - - -

貸 借 対 照 表
令和〇年５月31日

資　　産	金　　額	負債・純資産	金　　額
- - - - - - -	- - - - - - -	- - - - - - -	- - - - - - -
- - - - - - -	- - - - - - -	- - - - - - -	- - - - - - -
- - - - - - -	- - - - - - -	- - - - - - -	- - - - - - -
- - - - - - -	- - - - - - -	- - - - - - -	- - - - - - -
- - - - - - -	- - - - - - -	- - - - - - -	- - - - - - -
- - - - - - -	- - - - - - -	- - - - - - -	- - - - - - -

第9章　現金および預金

学習の要点

(1) 現金とは…?

　　通　貨 … 硬貨および紙幣

　　通貨代用証券 … 他人振出小切手、株式配当金領収証、送金小切手、郵便為替証書
　ここで重要なのは、通貨代用証券を受け取ったときの仕訳である。

通貨代用証券とは、銀行などの窓口に提示すれば、直ちに記載金額に換金してもらえる
ものをいう。したがって、これらを受け取った場合には、現金勘定を用いて処理しなけ
ればならない。

(2) 当座預金とは…?

　　企業が小切手を振り出すために、銀行に預入れた預金額(当座預金)である。小切手を
振り出した場合には、この当座預金勘定を用いる。ここで重要なのは、**自己振出小切手**
と**他人振出小切手**の区別である。

　　小切手「振出」の場合　⇒　　○○○　×××　　　　当座預金　　×××

　　小切手「受領」の場合

　　　他人振出の小切手　⇒　　現　　金　×××　　　○○○　　×××

　　　自己振出の小切手　⇒　　当座預金　×××　　　○○○　　×××

(3) 当座借越契約とは…?

　　小切手の振出行為は、当座預金勘定残高を限度としておこなわれるが、これに代えて
残高に関係なく一定額までは小切手を振り出せる契約が結ばれる。この契約を当座借越
という。この契約を結んでいるときの勘定処理には、次の2種類がある。

　　① **二勘定制** …… 当座預金勘定と当座借越勘定(借越が生じたとき)とで処理する。

　　② **一勘定制** …… 借越が生じたか否かに関係なく、当座勘定で一括して処理する。

(4) 現金過不足とは…?

　　現金の手許(実際)有高と帳簿有高が一致しないことがある。この場合には、不一致が
判明した時点で一時的に現金過不足勘定を用いて処理し、原因が判明したときに**適切な
勘定科目**に振替える。

　　なお、決算時でも原因が判明しない場合には、**雑損**または**雑益**勘定に振替えて、現金
過不足勘定の残高は"ゼロ"にしなければならない。

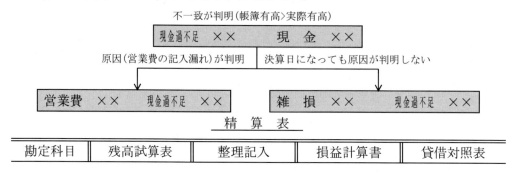

- 32 -

現金過不足	××	-------		××	------------------	→	0
:							
雑　　損			××	----------→ ××			
:							

<注> 精算表の貸借対照表欄の現金過不足勘定の行は"0"と表示させているが、
現実的には「貸借」ゼロで無記入となる。

【例題1】　神田川産業(株)の一連の取引を、二勘定制と一勘定制それぞれで仕訳せよ。

(1) 嵯峨野銀行に当座預金口座を開設して、現金￥100,000を預け入れた。また、同時に銀行と当座借越契約(借越限度額￥100,000)をも締結した。

(2) 備品￥80,000を購入し、代金は小切手を振り出して支払った。

(3) 松本産業㈲より貸付金の利息として、同産業振り出しの小切手￥30,000を受取り、直ちに当座預金に預け入れた。

(4) 配達用としてオートバイ￥120,000を購入し、代金は小切手を振り出して支払った。

(5) 志賀商店より貸付金の返済を受け、同店振り出しの小切手￥150,000を受取り、ただちに当座預金に預け入れた。

区分\取引	二　勘　定　制 借　方		二　勘　定　制 貸　方		一　勘　定　制 借　方		一　勘　定　制 貸　方	
(1)	当座預金	100,000	現　　金	100,000	当　　座	100,000	現　　金	100,000
(2)	備　　品	80,000	当座預金	80,000	備　　品	80,000	当　　座	80,000
(3)	当座預金	30,000	受取利息	30,000	当　　座	30,000	受取利息	30,000
(4)	車　　輛	120,000	当座預金 当座借越	50,000 70,000	車　　輛	120,000	当　　座	120,000
(5)	当座借越 当座預金	70,000 80,000	貸付金	150,000	当　　座	150,000	貸付金	150,000

【解説】

　小切手に関する問題では、(3)のパターンに注意する必要がある。他人振出小切手を受け取っているから借方は現金になるはずであるが、「…直ちに当座預金に…」とある場合には、現金の「入・出金」記録をせずに、はじめから当座預金で処理する。

　一勘定制では当座預金の残高に関係なく、小切手の振出や口座への預入れ等は「当座」勘定だけで処理するため問題への対処は容易である。ただ、この場合には「当座」勘定の**貸方に残高が生じる**ことがある点((4)では￥70,000の貸方残高になる)に注意する。

　二勘定制では、次の2点に留意することが大切である。

①　当座預金の残高次第で、利用する勘定科目が異なる。当座預金残高がゼロになると、当座借越で処理する。→　(4)の時点では当座預金残高は￥50,000　である。

② 当座借越勘定に残高がある場合には、この勘定をゼロにすることが優先される。すなわち、即「返済」である。これをせずに当座預金勘定で処理してはならない。→ (5)の時点では、当座借越残高は￥70,000 である。

【例題2】 次の取引を当座預金出納帳に記入して締め切りなさい。
　　4月10日　現金￥100,000を当座預金に預け入れた。
　　　　15日　安田商事㈱から手数料として同社振出の小切手￥60,000を受け取り、直ちに当座預金に預け入れた。
　　　　19日　三井産業㈱に備品代金￥100,000について小切手￥80,000を振り出し、残額は現金で支払った。
　　　　25日　今月の家賃￥40,000を小切手を振り出して支払った。

当座預金出納帳

日	付	摘　　　要	収　　入	支　　出	借または貸	残　　高
4	1	前 月 繰 越	50,000		借	50,000
	10	現金の預入	100,000		〃	150,000
	15	手数料の受取	60,000		〃	210,000
	19	備品の購入		80,000	〃	130,000
	25	4月分の家賃支払		40,000	〃	90,000
	30	次 月 繰 越		90,000		
			210,000	210,000		
5	1	前 月 繰 越	90,000		借	90,000

　　　＜注＞　あくまでも補助簿であるので、当座預金に関する取引のみを記入する。
　　　　　　　したがって、19日の取引は￥100,000ではなく、￥80,000のみを記入する。

問題1　次の取引を仕訳せよ。
　① 現金の帳簿有高は￥80,000であるが、調査したところ手許有高は￥65,000であった。
　② 上記の不足額のうち￥12,000は、旅費支払いの記入漏れであることが判明した。
　③ 決算日になっても、残りの不足額￥3,000については、原因が判明しなかった。

	借　　方	金　　額	貸　　方	金　　額
①				
②				
③				

問題2 決算日になって次のことが判明した。これに基づき精算表(一部)の記入をせよ。
現金過不足のうち¥1,500は、受取利息の記入漏れであることが判明した。

精 算 表

勘定科目	残高試算表	整理記入		損益計算書		貸借対照表	
現　　　金	25,000						
現金過不足		2,000					

問題3 次の取引を仕訳せよ。
① 都田商店から手数料¥15,000の支払をうけたが、そのうち¥10,000は現金で受け取り、残りは同商店振り出しの小切手で受け取った。
② 浜松産業㈱より備品¥150,000を購入し、代金は小切手を振出して支払った。ただし、当座預金残高は¥100,000で、当座借越契約(借越限度額¥300,000)を結んでいる。なお、当社では、当座借越について二勘定制を採用している。
③ 立石物産㈲への貸付金に対する利息¥5,000を、同物産振り出しの小切手で受け取り、ただちに当座預金に預け入れた。
④ 不要となった備品(帳簿価額¥200,000)を吉田商事㈱に¥200,000で売却し、代金は当社振出しの小切手で受け取った。
⑤ 高岡商事㈱に対する貸付金¥500,000を、同社振り出しの小切手で受け取り、ただちに当座預金に預け入れた。ただし、当座借越残高が¥300,000あり、二勘定制を採用している。

	借　　　方	金　　額	貸　　　方	金　　額
①				
②				
③				
④				
⑤				

問題 4　次の一連の取引を、当座預金出納帳に記入して締め切りなさい。

6月 5日　浜松銀行本店と当座取引契約を結び、現金¥200,000を預け入れた。また、同時に当座借越契約(限度額¥300,000)も結んだ。

10日　電気代¥12,500を小切手を振り出して支払った。

15日　小沢電子工業㈱から取次手数料として¥50,000を、同社振り出しの小切手で受け取った。

25日　備品¥150,000を購入し、代金のうち半額を現金で、残りは小切手を振り出して支払った。

当座預金出納帳

日　付	摘　　　　　要	収　　入	支　　出	借または貸	残　　高

第10章　小口現金

┌─ 学習の要点 ─────────────────────────────┐

(1) 小口現金制度とは…？

　小口現金とは、日常的に必要となる諸雑費(たとえば切手代とかタクシー代)の支払のために、担当者が保有する現金のことをいう。小口現金については現金勘定と区別して小口現金勘定を設けて処理する。

　小口現金の支給方法には、次の2種類がある。

随時補給制 ⇒ 計画性がなく、資金が不足するごとに現金等を補給する方法で、小口現金勘定を設けない。

定額資金前渡制 ⇒ 一定期間の所要見込額をあらかじめ担当者(用度係)に前渡する方法で、インプレスト・システムとも呼ばれる。担当者は一定期間後に支払高を報告し、その額だけ補給を受けるため、一定時点で一定金額が前渡しされていることになる。

重要

　簿記検定試験では定額資金前渡制による記帳処理がよく出題される。この場合に注意するのは、いつ補給を受けるかである。これには週末に報告をおこない直ちに補給を受ける場合と、翌週はじめに報告をおこない直ちに補給を受ける場合とがある。この点は小口現金出納帳を作成する場合、特に注意する必要がある。

└─────────────────────────────────────┘

【例題1】　次の一連の取引を仕訳せよ。

(1) 定額資金前渡制により、用度係に小口現金として¥50,000の現金を前渡しした。

(2) 週末に用度係から、次のような支払い報告を受けた。

　　　ハガキ代　¥5,000　　タクシー代　¥8,000　　消耗品費　¥12,000

　　　光熱費　¥8,000　　雑　費　¥6,000

(3) 報告を受けたあと、直ちに用度係に現金¥39,000を補給した。

＜ポイント＞

① 定額資金前渡制であるか否かをチェック。

② 報告がいつなされて、補給がいつなされるか(仕訳問題の場合には重要ではないが、小口現金出納帳を作成する場合には重要なポイントなので、常に心がけておくこと)。

【解答】

	借方		貸方	
(1)	小口現金	50,000	現　金	50,000
(2)	通信費	5,000	小口現金	39,000
	交通費	8,000		
	消耗品費	12,000		
	光熱費	8,000		
	雑費	6,000		
(3)	小口現金	39,000	現　金	39,000

【例題2】 次の取引を小口現金出納帳に記入せよ。なお、定額資金前渡制(インプレスト・システム)により毎週土曜日に支払の報告を行い、ただちに資金の補給を受けている。

6月2日(月)電 話 代 ¥ 5,000 　 6月5日(木)文 房 具 ¥15,000
　　3日(火)タクシー代 　 6,000 　 　　6日(金)切 手 代 　 3,000
　　4日(水)電 気 代 　 8,000 　 　　7日(土)新 聞 代 　 4,000

------- 支払金額は"2箇所"に記入 -------

小口現金出納帳

受　入	日	付	摘　　　要	支　払	内　　　訳			
					交通費	通信費	光熱費	雑　費
50,000	6	2	前 週 繰 越					
		2	電 話 代	5,000		5,000		
		3	タクシー代	6,000	6,000			
		4	電 気 代	8,000			8,000	
		5	文 房 具	15,000				15,000
		6	切 手 代	3,000		3,000		
		7	新 聞 代	4,000				4,000
			合　計	41,000	6,000	8,000	8,000	19,000
41,000		7	本 日 補 給					
		7	次 週 繰 越	50,000				
91,000				91,000				
50,000	6	9	前 週 繰 越					

------ 金額が一致 ------ 　 合計金額は、「縦」と「横」で一致する。

＜翌週月曜日に報告を行い、直ちに資金の補給をうける場合＞

			合　計	41,000	6,000	8,000	8,000	19,000
		7	次 週 繰 越	9,000				
50,000				50,000				
9,000	6	9	前 週 繰 越					
41,000		9	本 日 補 給					

問題1　次の取引を小口現金出納帳に記入しなさい。なお、当社は定額資金前渡制を採用しており、用度係は毎週土曜日の営業時間終了後に支払報告を行い、小切手による資金補給を受けている。また、9月9日の必要な仕訳を示せ。

9月4日(月)タクシー代　￥3,500　　9月7日(木)電　話　代　￥2,800
　　5日(火)切　手　代　　1,000　　　8日(金)バス回数券　　1,000
　　6日(水)帳簿・伝票　　5,000　　　9日(土)電　気　代　　2,600

小口現金出納帳

受　　入	日付		摘　　　要	支　払	交通費	通信費	光熱費	雑　費
						内	訳	
120,000	9	4	前　週　繰　越					
			合　　　計					
			本　日　補　給					
			次　週　繰　越					
	9	11	前　週　繰　越					

借　　方	金　額	貸　　方	金　額

- 39 -

問題2 前記の問題において、「翌週月曜日に報告をおこない、ただちに資金の補給を受けている」場合の記入を示せ。

小口現金出納帳

受　　　入	日	付	摘　　　　要	支　　払	内　　訳			
					交通費	通信費	光熱費	雑　費
120,000	9	4	前　週　繰　越					
			合　　　計					
			次　週　繰　越					
	9	11	前　週　繰　越					
			本　日　補　給					

加法的減法とは…?

　複式簿記は、勘定計算によって計算することに大きな特徴点を有している。この勘定計算は、「加法的減法」(か ほうてきげんぽう)を特徴とする計算方法である。すなわち、勘定の借方と貸方は、相互に相反する性質をもった局面であるので、減算するときには、直接に差し引かず反対側に加える(加算)という特殊な計算方法を用いて記録・計算されることから、これを**加法的減法**と呼んでいる。

　もとより簿記(洋式簿記)は、西洋より伝来した産物であるだけに、西洋人の釣り銭の支払い方法に見られるように、常に加算法を中心とした論理に依拠した方法である。わが国では、中国より伝わった算盤(そろばん)で「減算法」に慣れ親しみ育った関係もあって、少なからず奇異な感じは否めないものである。が、簿記が勘定計算を前提とする構造内容である限り、一日も早く「加算法」に慣れることが肝要であろう。

第11章 商品売買取引

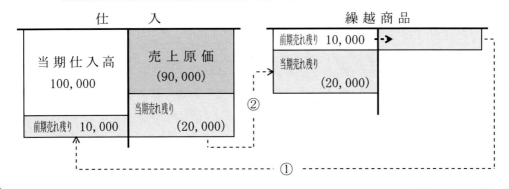
(1) なぜ3分法を用いるのか…？

商品は分類上、資産に含められる性質のものである。したがって商品の購入または販売は、それぞれ資産の増加または減少となるはずである。これを、仕入または売上勘定を用いて処理する理由は次のとおりである。

① 商品は、販売目的で購入される。⇨ 売上原価となる。

例えば、販売目的で商品￥100,000を購入し(代金は現金支払い)、それを￥150,000で販売した(代金は現金で受け取り)としよう。このときの儲けの計算は、

$$¥150,000(商品の販売価格)-¥100,000(商品の購入価格)=¥50,000$$

となる。この¥100,000は、¥150,000の収益を獲得するために必要な費用であり、これを売上原価と称している。つまり、商品は販売時には費用(売上原価)になるわけだから、最初から購入時に費用として記録する。

② 純損益の計算は取引ごとではなく、一定期間に区切って行われる。

上述の例のような、商品の販売価格と購入価格の対応関係は、取引件数が少ない場合には容易であるが、件数が膨大になればその関係を把握するのは実に困難である。

このため商品売買に関する純損益の計算は、一定期間に区切って行われる。このとき必要なデータは、商品の購入総額または売上原価総額と商品の販売総額である。これらのデータを得るには、商品勘定だけによるよりも、購入と販売にそれぞれ独自の勘定を設けるほうが容易である。

(2) 精算表での記入例

学習の要点での例示を使って、精算表の記入方法を考えてみよう。

期首商品棚卸高(前期売れ残り)　　　　　　　　期末商品棚卸高(当期売れ残り)

精　算　表

勘定科目	残高試算表	整理記入		損益計算書	貸借対照表
繰越商品	10,000	20,000	10,000		20,000
仕　入	100,000	10,000	20,000	90,000	

仕入勘定の「行」を見てみると、次の計算式になっていることがわかる。

$$¥100,000(当期仕入高)+¥10,000(期首商品棚卸高)-¥20,000(期末商品棚卸高)=¥90,000(売上原価)$$

当期販売可能商品

すなわち、ワン・セットの仕訳を行うだけで、精算表の損益計算書欄の仕入勘定「行」は、仕入勘定から売上原価勘定へと見事に**変身**(¥100,000→¥90,000)したのである。

【例題】 浜松商事の次の一連の取引を仕訳せよ。

① 渡辺物産より商品¥150,000を仕入れ、代金は現金で支払った。この際に、引取費用¥15,000を現金で支払ったが、これは当社が負担する。

② 松本商店より商品¥300,000を仕入れ、代金は小切手を振り出して支払った。

③ 宇治産業へ商品¥400,000を販売し、代金は同産業振り出しの小切手を受け取った。この際に、発送費¥20,000を小切手を振り出して支払ったが、これは当社が負担する。

④ 渡辺物産より仕入れた商品のうち¥50,000は、品違いのため返品した。返品分について、同物産が振り出した小切手を受け取った。

⑤ 決算日を迎え、期末商品棚卸高は¥80,000であった。なお、期首商品棚卸高は¥30,000であった。

【解答】

①	仕 入	165,000		現 金	165,000
②	仕 入	300,000		当 座 預 金	300,000
③	現 金	400,000		売 上	400,000
	発 送 費	20,000		当 座 預 金	20,000
④	現 金	50,000		仕 入	50,000
⑤	仕 入	30,000		繰 越 商 品	30,000
	繰 越 商 品	80,000		仕 入	80,000

<ポイント>

① 引取費用の処理

　当方(浜松商事)負担の場合 …… 仕入に算入(解答①)

　先方(仕 入 先)負担の場合 …… 立替金を用いる

　　　　立 替 金　×××　　現　金　×××

　　　または、買掛金(第14章参照)と相殺する

　　　　仕　入　×××　　買 掛 金　×××

　　　　　　　　　　　　　現　金　×××

② 発送費用の処理

　当方(浜松商事)負担の場合 …… 発送費を用いる(解答③)

　先方(販 売 先)負担の場合 …… 売掛金(第14章参照)に算入

　　　　売 掛 金　×××　　売　上　×××

　　　　　　　　　　　　　現　金　×××

　(特に指示がなければ、①も②も当方負担で処理する)

③ 返品の処理

　商品を返品した場合 …… 仕入勘定の貸借差額は、決算までは純仕入高を意味する。したがって、返品は純仕入高の減少を意味するので、仕訳では、仕入が貸方側に記入される(解答④)。なお、値引きを受けた場合も純仕入高の減少を意味するので、次のような仕訳になる(値引きは、掛取引の場合が一般的である。買掛金については第14章を参照)。

　　　　　　買 掛 金　×××　　仕　入　×××

　商品が返品された場合 …… 売上勘定の貸借差額は、純売上高を意味する。したがって、返品は純売上高の減少を意味するので、次のような仕訳になる(掛け取引の場合)。

　　　　　　売　上　×××　　売 掛 金　×××

　　なお、値引きをした場合も純売上高の減少を意味するので、次のような仕訳になる(値引きは掛取引の場合が一般的である)。

　　　　　　売　上　×××　　売 掛 金　×××

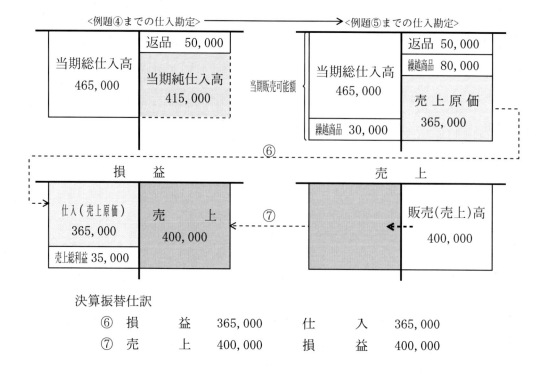

決算振替仕訳

⑥ 損　　　益　 365,000　　仕　　　入　 365,000

⑦ 売　　　上　 400,000　　損　　　益　 400,000

問題1 次の諸資料を参照しながら、下記の設問に答えなさい。

期首商品棚卸高	¥ 300,000	総 仕 入 高	¥3,500,000
仕 入 戻 し 高	¥ 50,000	仕 入 値 引 高	¥ 80,000
総 売 上 高	¥5,000,000	売 上 戻 り 高	¥ 15,000
売 上 値 引 高	¥ 10,000	期末商品棚卸高	¥ 500,000

よって、下記の設問(①～④)を求めなさい。

① 純 仕 入 高 ……　¥

② 純 売 上 高 ……　¥

③ 売 上 原 価 ……　¥

④ 売 上 総 利 益 ……　¥

問題2 次の取引を仕訳せよ。

① 神戸産業㈱から商品¥450,000を仕入れ、代金は掛けとした。なお引取費用¥15,000は、小切手を振り出して支払った。

② 刈谷商店㈲に商品¥500,000を売り渡し、代金は同店振り出しの小切手で受け取った。

③ 金沢物産㈱に商品¥400,000を売り渡し、代金は掛けとした。なお発送費¥10,000を現金で支払った。

④ 金沢物産㈱に発送した商品のうち、¥100,000が品違いのため返送されてきた。

⑤ 決算日を迎え帳簿を締め切った。なお、期末商品棚卸高は¥100,000、期首商品棚卸高は¥150,000であった。

	借　　方	金　　額	貸　　方	金　　額
①				
②				
③				
④				
⑤				

問題3　上記(問題2)の仕訳を、下記の勘定に転記せよ。

仕　　　入　　　　　　　　　　　　繰　越　商　品

売　　　上　　　　　　　　　　　　損　　　益

問題4　次の資料をもとに、精算表(一部)に必要な記入をせよ。

期首商品棚卸高　¥ 20,000　総 仕 入 高　¥500,000　仕 入 戻 し 高 ¥ 5,000
仕 入 値 引 高　　 10,000　総 売 上 高　　650,000　期末商品棚卸高　 35,000

精　算　表

勘定科目	残 高 試 算 表		整 理 記 入		損 益 計 算 書		貸 借 対 照 表	
繰越商品								
：								
売　　上								
仕　　入								

- 45 -

第12章　仕入帳・売上帳

(1) 仕入帳

　商品の仕入れに関する取引の明細を、発生順に記録する補助簿(補助記入帳)である。

(2) 仕入帳の記帳方法

① 商品を仕入れたとき、仕入先名、商品名、数量、単価、金額および代金の決済方法を記入する。 2種類以上の商品を一度に仕入れたときは、摘要欄と内訳欄はそれぞれの商品ごとに記入する。

② 引取運賃などの仕入諸掛は商品代金と区別して、それぞれの取引ごとに摘要欄と内訳欄に記入する。

③ 仕入値引・返品(戻し)については、仕入金額から控除する項目なので日付欄、摘要欄および金額欄とも**赤字**で記入する。

④ 帳簿を締め切るときは、総仕入高を記入し、それから仕入値引・返品を差し引いて(**赤字記入**)、純仕入高を示すようにする。

仕　入　帳

日　付	摘　　　　　　要	内　　訳	金　　額
	仕入先名　　　代金の決済方法		
	商品名　数量　単価	金　額	
	商品名　数量　単価	金　額	
	仕入諸掛	金　額	合計金額

(3) 売上帳

　商品の売り上げに関する取引の明細を発生順に記録する補助簿(補助記入帳)である。

(4) 売上帳の記帳方法

① 商品を売り上げたとき、得意先名、商品名、数量、単価、金額および代金の決済方法を記入する。
　2種類以上の商品を一度に売り渡したとき、売上値引・返品(戻り)の処理および帳簿の締め切り方法については、仕入帳に準ずる。

② 発送費は原則として販売費として処理されるので、売上帳には記入しない。

【例題1】　次の取引を仕入帳に記入して、締め切りなさい。

　1月 1日　A商店から次のとおり商品を仕入れ、引取運賃￥300とともに現金で支払った。
　　　　　　甲商品　　10個　　@￥5,000
　　　10日　C商店から次のとおり商品を掛で仕入れた。
　　　　　　乙商品　　6個　　@￥3,000
　　　　　　丙商品　　4個　　@￥4,000
　　　20日　C商店から仕入れた乙商品のうち2個を品違いのため返品した。

仕　入　帳

日　付	摘　　　　　　要	内　　訳	金　　額
1	1	A商店　　　　　　　現金		

		甲商品　　10個　　@￥5,000	50,000	
		引取運賃　現金払い	300	50,300
	10	C商店　　　　　　　　掛		
		乙商品　　6個　　@￥3,000	18,000	
		丙商品　　4個　　@￥4,000	16,000	34,000
	20	**C商店　　　　　　掛返品**		
		乙商品　　2個　　@￥3,000		**6,000**
	31	総　仕　入　高		84,300
	〃	**仕入戻し高**		**6,000**
		純　仕　入　高		78,300

【例題2】　次の取引を売上帳に記入して締め切りなさい。

　2月　1日　A商店に次のとおり商品を売り渡し、代金は掛とした。
　　　　　　　　B商品　　20個　　@￥3,000

　　　5日　C商店に次のとおり商品を売り渡し、代金のうち￥20,000を現金で受け取り、
　　　　　残額は掛とした。
　　　　　　　　D商品　　13個　　@￥2,000
　　　　　　　　E商品　　14個　　@￥　800

　　10日　A商店に売り渡した商品について次のとおり値引きを承諾した。
　　　　　　　　B商品　　3個　　@￥　100

　　20日　F商店に次のとおり商品を売り渡し、代金は同店振り出しの小切手で受け取
　　　　　った。なお、発送費￥500は現金で支払った。
　　　　　　　　G商品　　15個　　@￥1,000
　　　　　　　　H商品　　10個　　@￥　500

売　上　帳

日	付	摘　　　　　要	内　訳	金　額
2	1	A商店　　　　　　　　掛		
		B商品　　20個　　@￥3,000		60,000
	5	C商店　　　　　　　諸口		
		D商品　　13個　　@￥2,000	26,000	
		E商品　　14個　　@￥　800	11,200	37,200
	10	**A商店　　　　　　掛値引**		
		B商品　　3個　　@￥　100		**300**
	20	F商店　　　　　　　小切手		
		G商品　　15個　　@￥1,000	15,000	
		H商品　　10個　　@￥　500	5,000	20,000
	28	総　売　上　高		117,200

	売上値引高	300
〃		
	純 売 上 高	116,900

【例題3】 下記の売上帳について次の問いに答えなさい。

(1) 7月31日付で売上帳を締め切りなさい。なお、解答に当って赤字を示す文字または数字には赤字を用いないで(　)をつけておくこと。ただし、太字(ゴシック)は赤字であることを示す。

(2) 売上帳に記入されている取引は売上帳のほか、下記にある帳簿のうち、どれに記入されるかを該当する帳簿の欄に〇印をつけて示しなさい。

売　上　帳

日 付		摘　　　　　　　　　　　　要	金　　額
7	3	A商店　　　　　　　　　　　　掛	
		B商品　1,000個　@¥ 300	300,000
	10	C商店　引受済為手および小切手受取	
		D商品　2,300個　@¥1,000	
		引受済為手受取　¥2,000,000	
		小切手受取　¥　300,000	2,300,000
	15	**A商店　　　　　　　　　　戻り**	
		B商品　　200個　@¥ 300	**60,000**
	25	E商店　　　　現金および約手受取	
		F商品　1,500個　@¥ 500	
		現金受取　¥200,000	
		約手受取　¥550,000	750,000
	31	総 売 上 高	3,350,000
	〃	**売上戻り高**	**60,000**
		純 売 上 高	3,290,000

日付＼帳簿	現金当座預金出納帳	商 品 有 高 帳	得 意 先 元 帳	受取手形記入帳
7 月 3 日		〇	〇	
7 月10日	〇	〇		〇
7 月15日		〇	〇	
7 月25日	〇	〇		〇

【解説】

　日商「簿記」検定試験においては赤字記入すべき文字または数字は、問題においては太字(ゴシック)で示され、例題1及び2のような形態で解答に赤字記入を要求することは、殆ど

あり得ない。また、例題3のようなスタイルが出題されたとしても、解答にカッコを付ける程度の要求であろう。以下、解答の手順を箇条書的に記述しよう。

1-(1) 仕入諸掛は仕入原価に含めるため、必ず仕入帳に記入する。

 (2) 内訳欄は2種類以上の商品のそれぞれの金額および仕入諸掛の金額を記入する。

 (3) 一つの取引を記入したら、次の取引と区分するために摘要欄に単線を引く。
   内訳欄にも記入した場合は内訳欄まで単線を引く。

 (4) 総仕入高の計算では仕入値引・返品(戻し)がある場合、金額欄を上から順に全部加算してはならない。仕入値引・返品(戻し)は含めない。

 (5) 総仕入高-仕入値引・返品(戻し)=純仕入高となる。純仕入高は、仕入勘定の借方残高と一致する。

2-(1) 小切手で受け取った場合、仕訳では「現金」とするが、売上帳の摘要欄では「小切手受取」でよい。

 (2) 発送費は、原則として販売費として処理されるので売上帳には記入しない。

 (3) 代金決済方法が2つになる場合、「諸口」とするか「現金受取および掛」とする。他は仕入帳に準ずる。

3-(1) この売上帳は内訳欄が設けられていない形式のものである。

 (2) 商品を掛売りした(7月3日)ので、商品有高帳と売掛金の内訳明細である得意先元帳に記入する。

 (3) 商品を売り渡した(7月10日)ので、商品有高帳に記入する。また、為替手形および小切手を受け取っているので、受取手形記入帳と現金当座預金出納帳にも記入する。

 (4) 商品が戻ってきた(7月15日)ので、商品有高帳に記入する。ただし、売上値引は商品有高とは関係ないので商品有高帳には記入しない。また、戻り品の代金は売掛金から控除するので、得意先元帳に記入する。

 (5) 商品を売り渡した(7月25日)ので、商品有高帳に記入する。と同時に、現金と約束手形を受け取ったので、現金当座預金出納帳と受取手形記入帳にも記入する。

問題1 次の取引を仕入帳に記入して締め切りなさい。なお、赤字記入すべき部分は朱記と明記しなさい。

 7月 1日　A商店から次のとおり仕入れ、代金は掛とした。
　　　　　B商品　50個　@¥1,000　¥50,000

 　5日　C商店から次のとおり仕入れ、代金は掛とした。
　　　　　D商品　20個　@¥1,300　¥26,000
　　　　　E商品　30個　@¥1,400　¥42,000

 　10日　A商店から仕入れた商品のうち不良品のため次のとおり返品し、代金は買掛金から差し引くことにした。
　　　　　B商品　10個　@¥1,000　¥10,000

 　25日　F商店から次のとおり仕入れ、代金のうち¥50,000については約束手形を振り出し、残額は掛とした。

G商品　40個　@¥1,100　¥44,000
H商品　20個　@¥1,200　¥24,000

仕　入　帳

日	付	摘　　　　　　　要	内　　訳	金　　額
7	1	A商店　　　　　　掛		
		B商品（　　　）（　　　）		（　　　）
	5	C商店　　　　　　掛		
		D商品（　　　）（　　　）	（　　　）	
		E商品（　　　）（　　　）	（　　　）	（　　　）
	10	A商店　　　　　　戻し		
		B商品（　　　）（　　　）		（　　　）
	25	F商店　　　　　　諸口		
		G商品（　　　）（　　　）	（　　　）	
		H商品（　　　）（　　　）	（　　　）	
	31	（　　　）		（　　　）
		（　　　）		（　　　）
		（　　　）		（　　　）

問題2　次の取引を売上帳に記入して締め切りなさい。なお、赤字記入すべき部分は朱記
と明記しなさい。

9月　1日　A商店へ次のとおり売上げ、代金は掛とした。
　　　　　　B商品　10個　@¥12,000　¥120,000
　　　　　　C商品　13個　@¥10,000　¥130,000

　　5日　D商店へ次のとおり売上げ、代金は掛とした。
　　　　　　E商品　20個　@¥13,000　¥260,000

　15日　A商店へ売上げた商品のうち、次のとおり返品され、代金は売掛金から差し
　　　　引くことにした。
　　　　　　C商品　　3個　@¥10,000　¥ 30,000

　25日　F商店へ次のとおり売上げ、代金のうち¥150,000は現金で受け取り、残額は
　　　　掛とした。
　　　　　　G商品　15個　@¥10,000　¥150,000
　　　　　　H商品　20個　@¥15,000　¥300,000

売　上　帳

日	付	摘　　　　　　　要	内　　訳	金　　額
9	1	A商店　　　　　　掛		
		B商品（　　　）（　　　）	（　　　）	

		摘要			
		C商品（　　）（　　　　）	（　　　）	（　　　）	
5	D商店	掛			
		E商品（　　）（　　　　）		（　　　）	
15	A商店	戻り			
		C商品（　　）（　　　　）		（　　　）	
25	F商店	諸口			
		G商品（　　）（　　　　）	（　　　）		
		H商品（　　）（　　　　）	（　　　）	（　　　）	
30		総売上高		（　　　）	
		（　　　　　　）		（　　　）	
		（　　　　　　）		（　　　）	

問題3　次の売上帳に記入してある取引は、売上帳のほか下記にある帳簿のうちで、どの帳簿に記入されるかを該当する帳簿の欄に〇印をつけて示しなさい。ただし、得意先元帳に記入される取引については、記入される人名勘定の科目名を（　　　）の中に記入しなさい。なお、太字（ゴシック）は赤字であることを示す。

売　上　帳

日	付	摘　　　　　　　　要	金　　額
8	4	A商店　　　　　　　　　　掛	
		B商品　500個　@¥1,000	500,000
	8	C商店　　　　　　小切手受取	
		D商品　300個　@¥　800	240,000
	15	E商店　　　　約手受取および掛	
		F商品　200個　@¥1,500	
		約手受取¥200,000	
		掛¥100,000	300,000
	25	**A商店**　　　　　　　　戻り	
		B商品　10個　@¥1,000	10,000

日付＼帳簿	現金当座預金出納帳	商品有高帳	得意先元帳	受取手形記入帳
8月4日			（　　　　　）	
8月8日			（　　　　　）	
8月15日			（　　　　　）	
8月25日			（　　　　　）	

（注）人名勘定の科目名とは、得意先（売掛先）の商店名のことである。

第13章　商品有高帳

----- 学習の要点 -----

(1) 商品有高帳とは…?

商品有高帳とは、商品の種類ごとに受け入れ、引き渡しおよび残高を記録する補助簿（補助元帳）である。

(2) 商品有高帳の記帳方法

① 摘要欄には、取引先名または仕入および売上等の取引内容を記入する。

② 金額はすべて仕入原価で記入する。

商 品 有 高 帳

附	摘　　要	受	入		払	出		残	高	
		数量	単価	金　額	数量	単価	金　額	数量	単価	金　額

(3) 払出単価の決め方

同じ種類の商品であっても、仕入時期が違うと仕入単価（原価）が異なることがある。この場合、払出商品の単価（原価）をいくらにするかが問題となる。ここでは払出単価の決定方法として、ⓐ先入先出法とⓑ移動平均法を概説する。

先入先出法 ⇒ 先に受け入れたものから先に引き渡すもの、と仮定して払出単価を決定する方法である。仕入単価の異なる商品が2口以上ある場合には、数量・単価・金額を仕入単価の異なるごとに口別に並記する。

移動平均法 ⇒ 仕入単価の異なる商品を受け入れるつど、残高金額と受入金額の合計金額を残高数量と受入数量の合計数量で除して平均単価を求める方法である。

【例題1】　下記の資料に基づいて、(a)先入先出法と(b)移動平均法によって商品有高帳に記入し、併せて(a)および(b)の方法により3月中の売上高、売上原価および売上総利益を計算しなさい。なお、帳簿の締め切りも行うこと。

3月　1日	前月繰越	10台	@¥200
5日	仕　　入	20台	@¥230
7日	売　　上	15台	@¥300（売価）
15日	仕　　入	15台	@¥240
25日	売　　上	25台	@¥320（売価）

(a) 先入先出法

商 品 有 高 帳

A 電 卓

日付		摘 要	受 入			払 出			残 高		
3	1	前月繰越	10	200	2,000				10	200	2,000
	5	仕 入	20	230	4,600				10	200	2,000
									20	230	4,600
	7	売 上				10	200	2,000			
						5	230	1,150	15	230	3,450
	15	仕 入	15	240	3,600				15	230	3,450
									15	240	3,600
	25	売 上				15	230	3,450			
						10	240	2,400	5	240	1,200
	31	**次月繰越**				**5**	**240**	**1,200**			
			45		10,200	45		10,200			
4	1	前月繰越	5	240	1,200				5	240	1,200

売 上 高	売 上 原 価	売上総利益
¥ 12,500	¥ 9,000	¥ 3,500

(b) 移動平均法

商 品 有 高 帳

A 電 卓

日付		摘 要	受 入			払 出			残 高		
3	1	前月繰越	10	200	2,000				10	200	2,000
	5	仕 入	20	230	4,600				30	220	6,600
	7	売 上				15	220	3,300	15	220	3,300
	15	仕 入	15	240	3,600				30	230	6,900
	25	売 上				25	230	5,750	5	230	1,150
	31	**次月繰越**				**5**	**230**	**1,150**			
			45		10,200	45		10,200			
4	1	前月繰越	5	230	1,150				5	230	1,150

売 上 高	売 上 原 価	売上総利益
¥ 12,500	¥ 9,050	¥ 3,450

【解説】

先入先出法

① 先入先出法においては、仕入単価と残高単価が同じ場合は合計し、異なる場合にはブレースで以て括り両者を並記する。

② 5日の残高欄では1日の残高(10台 @¥200 ¥2,000)をもう一度記入して5日の仕入金額と並記する方が理解しやすい(3/1の残高を再度記入しない方法もある)。

③ 7日及び25日の単価は売価であり、商品有高帳とは無関係なので記入しない。この払出単価(原価)をいくらに決定するかが問題である。

④ 売 上 高 …… 3日(15×@300)+25日(25×@320)＝12,500
   売上原価 …… 7日(2000+1,150)+25日(3,450+2,400)＝9,000

⑤ 月末に残高欄の数量・単価・金額を払出欄に書き移して受入欄と払出欄の数量・金額を平均させて締め切る。

移動平均法

① 3月5日の平均単価

$$\frac{残高金額¥2,000＋仕入金額¥4,600}{残高数量10台＋仕入数量20台}＝@¥220$$

3月15日の平均単価

$$\frac{残高金額¥3,300＋仕入金額¥3,600}{残高数量15台＋仕入数量15台}＝@¥230$$

② 売上高は先入先出法と同額。

③ 売上原価 …… 7日(¥3,300)+25日(¥5,750)＝¥9,050

④ 帳簿の締め切り方は、先入先出法と同じ。

【例題2】 次の仕入帳と売上帳にもとづきB商品について(イ)先入先出法と(ロ)移動平均法によって商品有高帳に記入し、(イ)および(ロ)の方法により、9月中の売上原価および売上総利益を計算するため下記の(　　　)の中に適当な金額を記入しなさい。なお、商品有高帳の締め切りを行う必要はない。

仕　入　帳

日	付	摘　　　　要	内　訳	金　額
9	2	A商店　掛		
		B商品 10個 @¥6,000	60,000	
		C商品 10個 @¥5,000	50,000	110,000
	15	E商店　掛		
		B商品 20個 @¥7,000	140,000	
		C商品 18個 @¥5,200	93,600	233,600

売 上 帳

日 付		摘　　　要	内 訳	金 額
9	10	D商店　掛		
		B商品 15個 @¥10,000	150,000	
		C商品 13個 @¥ 8,000	104,000	254,000
	20	F商店　掛		
		B商品 15個 @¥11,000	165,000	
		C商品 20個 @¥ 9,000	180,000	345,000

(イ) 先入先出法

商 品 有 高 帳
B 商 品

日 付		摘 要	受 入			払 出			残 高		
9	1	前月繰越	10	5,000	50,000				10	5,000	50,000
	2	仕　入	10	6,000	60,000				10	5,000	50,000
									10	6,000	60,000
	10	売　上				10	5,000	50,000			
						5	6,000	30,000	5	6,000	30,000
	15	仕　入	20	7,000	140,000				5	6,000	30,000
									20	7,000	140,000
	20	売　上				5	6,000	30,000			
						10	7,000	70,000	10	7,000	70,000

売上原価の計算		売上総利益の計算	
期首商品棚卸高 …… (50,000)		売　上　高 …… (315,000)	
当期商品仕入高 …… (200,000)		売　上　原　価 …… (180,000)	
合　計　(250,000)		売上総利益 …… (135,000)	
期末商品棚卸高 …… (70,000)			
売　上　原　価 …… (180,000)			

（ロ）移動平均法

商 品 有 高 帳
B 商 品

日	付	摘　要	受	入		払	出		残	高	
9	1	前月繰越	10	5000	50,000				10	5000	50,000
	2	仕　入	10	6000	60,000				20	5500	110,000
	10	売　上				15	5500	82,500	5	5500	27,500
	15	仕　入	20	7000	140,000				25	6700	167,500
	20	売　上				15	6700	100,500	10	6700	67,000

<table>
<tr><td colspan="2" align="center">売上原価の計算</td><td colspan="2" align="center">売上総利益の計算</td></tr>
<tr><td>期首商品棚卸高 ……</td><td>(50,000)</td><td>売　上　高 ……</td><td>(315,000)</td></tr>
<tr><td>当月商品仕入高 ……</td><td>(200,000)</td><td>売　上　原　価 ……</td><td>(183,000)</td></tr>
<tr><td>　合　計</td><td>(250,000)</td><td>売上総利益 ……</td><td>(132,000)</td></tr>
<tr><td>期末商品棚卸高 ……</td><td>(67,000)</td><td></td><td></td></tr>
<tr><td>売　上　原　価 ……</td><td>(183,000)</td><td></td><td></td></tr>
</table>

【解説】

　B商品について商品有高帳に記入する問題なので、B商品以外のC商品は関係ない。

＜先入先出法＞

　　当月仕入高 …… 　9/ 2 仕入 60,000＋9/15 仕入 140,000＝200,000

　　売　上　高 …… 　9/10 売上150,000＋9/20 売上 165,000＝315,000

＜移動平均法＞

　　9月2日

$$\frac{残高金額￥50,000＋仕入金額￥60,000}{残高数量\ 10個＋仕入数量\ 10個}＝@￥5,500（平均単価）$$

　　9月15日

$$\frac{残高金額￥27,500＋仕入金額￥140,000}{残高数量\ 5個＋仕入数量\ 20個}＝@￥6,700（平均単価）$$

問題1 　次の資料に基づいて、（イ）先入先出法と（ロ）移動平均法によって商品有高帳に記入しなさい。また併せて、（イ）および（ロ）の方法により7月中の売上高、売上原価および売上総利益を計算しなさい。なお、帳簿の締め切りも行うこと。

　　　　7月　5日　仕入　100台　@￥460

　　　　　　10日　売上　 90台　@￥600（売価）

　　　　　　20日　仕入　100台　@￥490

　　　　　　25日　売上　100台　@￥650（売価）

(イ) 先入先出法

商 品 有 高 帳

A 商 品

日 付		摘　　要	受		入	払		出	残		高
7	1	前月繰越	40	460	18,400				40	460	18,400

売　上　高	売 上 原 価	売上総利益
￥	￥	￥

(ロ) 移動平均法

商 品 有 高 帳

A 商 品

日 付		摘　　要	受		入	払		出	残		高
7	1	前月繰越	40	460	18,400				40	460	18,400

売　上　高	売 上 原 価	売上総利益
￥	￥	￥

問題2　次の仕入帳と売上帳にもとづいて(1)先入先出法と(2)移動平均法によって商品有高帳に記入し、8月中の売上原価と売上総利益を計算するため下記の(　　　)の中に適当な金額を記入しなさい。なお、商品有高帳の締め切りを行う必要はない。

<table>
<tr><th colspan="4">仕　入　帳</th></tr>
<tr><th colspan="2">日　付</th><th>摘　　　要</th><th>金　額</th></tr>
<tr><td>8</td><td>3</td><td>A商店　掛</td><td></td></tr>
<tr><td></td><td></td><td>B商品 50個 @¥96</td><td>4,800</td></tr>
<tr><td></td><td>7</td><td>A商店　掛</td><td></td></tr>
<tr><td></td><td></td><td>B商品100個 @¥97.2</td><td>9,720</td></tr>
</table>

<table>
<tr><th colspan="4">売　上　帳</th></tr>
<tr><th colspan="2">日　付</th><th>摘　　　要</th><th>金　額</th></tr>
<tr><td>8</td><td>4</td><td>C商店　掛</td><td></td></tr>
<tr><td></td><td></td><td>B商品 60個 @¥100</td><td>6,000</td></tr>
<tr><td></td><td>10</td><td>D商店　現金</td><td></td></tr>
<tr><td></td><td></td><td>B商品 50個 @¥110</td><td>5,500</td></tr>
</table>

(1) 先入先出法

商　品　有　高　帳

B　商　品

<table>
<tr><th colspan="2">日　付</th><th>摘　要</th><th colspan="3">受　　入</th><th colspan="3">払　　出</th><th colspan="3">残　　高</th></tr>
<tr><td>8</td><td>1</td><td>前月繰越</td><td>50</td><td>90</td><td>4,500</td><td></td><td></td><td></td><td>50</td><td>90</td><td>4,500</td></tr>
<tr><td></td><td></td><td></td><td></td><td></td><td></td><td></td><td></td><td></td><td></td><td></td><td></td></tr>
<tr><td></td><td></td><td></td><td></td><td></td><td></td><td></td><td></td><td></td><td></td><td></td><td></td></tr>
<tr><td></td><td></td><td></td><td></td><td></td><td></td><td></td><td></td><td></td><td></td><td></td><td></td></tr>
<tr><td></td><td></td><td></td><td></td><td></td><td></td><td></td><td></td><td></td><td></td><td></td><td></td></tr>
<tr><td></td><td></td><td></td><td></td><td></td><td></td><td></td><td></td><td></td><td></td><td></td><td></td></tr>
<tr><td></td><td></td><td></td><td></td><td></td><td></td><td></td><td></td><td></td><td></td><td></td><td></td></tr>
<tr><td></td><td></td><td></td><td></td><td></td><td></td><td></td><td></td><td></td><td></td><td></td><td></td></tr>
</table>

売上原価の計算

期首商品棚卸高 …… (　　　　　)
当期商品仕入高 …… (　　　　　)
　　　合　計　　　 (　　　　　)
期末商品棚卸高 …… (　　　　　)
売　上　原　価 …… (　　　　　)

売上総利益の計算

売　上　高 …… (　　　　　)
売　上　原　価 …… (　　　　　)
売　上　総利益 …… (　　　　　)

(2) 移動平均法

商 品 有 高 帳

B 商 品

日	付	摘　　要	受	入		払	出		残	高	
8	1	前月繰越	50	90	4,500				50	90	4,500

売上原価の計算		売上総利益の計算	
期首商品棚卸高 ……（　　　　）		売　上　高 ……（　　　　）	
当期商品仕入高 ……（　　　　）		売　上　原　価 ……（　　　　）	
合　計　　（　　　　）		売上総利益 ……（　　　　）	
期末商品棚卸高 ……（　　　　）			
売　上　原　価 ……（　　　　）			

第14章　売掛金・買掛金

(1) 売掛金

① 将来の一定期日に代金を現金等により受け取ることを約束して商品を販売することを掛売といい、掛売によって生ずる債権を売掛金という。

② 商品を掛売したときは、売掛金勘定(資産)の借方に記入し、売掛金を回収したときは貸方に記入する。

③ 掛で販売した商品に値引・返品が生じたときは、売掛金の減少なので貸方に記入する。

(2) 買掛金

① 将来の一定期日に代金を現金等により支払うことを約束して商品を購入することを掛買といい、掛買によって生ずる債務を買掛金という。

② 商品を掛買したときは、買掛金勘定(負債)の貸方に記入し、買掛金を支払ったときは借方に記入する。

③ 掛で購入した商品に値引・返品が生じたときは、買掛金の減少なので、借方に記入する。

(3) 人名勘定

取引先が多数ある場合、売掛金勘定・買掛金勘定の記録だけでは、全売上先の売掛金総額および全仕入先の買掛金総額は知り得るが、売上先別・仕入先別の債権・債務は知ることができない。

そこで、売上先別・仕入先別にそれぞれの商店名等を勘定科目とする勘定口座を設け、この勘定に売上先別および仕入先別の債権・債務の増減を記録する。このような勘定を人名勘定という。

(4) 売掛金元帳(得意先元帳)・買掛金元帳(仕入先元帳)

① 取引先ごとの売掛金・買掛金の明細を記録する補助元帳である。

② 総勘定元帳には売掛金勘定・買掛金勘定を設け、売掛金・買掛金の全体としての増減および残高を明らかにし、同時に得意先元帳・仕入先元帳では売掛金勘定・買掛金勘定の取引先別内訳明細が表される。

(5) 売掛金明細表・買掛金明細表

① 売掛金明細表・買掛金明細表は、売掛金元帳・買掛金元帳の様式を簡略化した明細表である。

② 売掛金・買掛金の取引先別一覧表として役立つ。

【例題1】　次の取引を仕訳しなさい。なお、商品売買は3分法によること。

8月 1日　A商店に商品を売り渡し、代金￥600,000のうち￥150,000は同店振り出しの小切手で受け取り、残額は掛とした。

現　　金	150,000	売　　上	600,000
売 掛 金	450,000		

5日　上記商品のうち￥50,000は品違いのため返品された。

売　　上	50,000	売 掛 金	50,000

10日　8月1日と5日の取引にもとづきA商店の売掛金の回収として、同店振り出しの小切手を受け取り、ただちに当座預金に預け入れた。

当座預金	400,000	売 掛 金	400,000

13日　B商店から商品￥100,000を仕入れ代金は掛とした。なお、引取運賃￥2,000は小切手を振り出して支払った。

仕　　入	102,000	買 掛 金	100,000
		当座預金	2,000

15日　上記商品のうち￥15,000は品違いのため返品した。

買　掛　金	15,000			仕　入	15,000	

18日　C商店に商品¥150,000を掛け売りした。なお、発送運賃¥5,000は現金で支払った。

売　掛　金	150,000	売　　上	150,000
発　送　費	5,000	現　　金	5,000

20日　上記商品のうち一部に不良品があり、¥20,000の値引を承諾した。

売　　上	20,000	売　掛　金	20,000

23日　D商店から商品¥200,000を掛で仕入れた。なお、引取費（先方負担）¥2,500は現金で支払った。

仕　　入	200,000	買　掛　金	200,000
買　掛　金	2,500	現　　金	2,500

25日　D商店に８月23日の買掛金の支払いとして、以前受け取ったA商店の小切手¥50,000を渡し、残額は小切手を振り出して支払った。

買　掛　金	197,500	現　　金	50,000
		当座預金	147,500

31日　C商店に商品¥150,000を掛け売りした。なお、発送運賃（先方負担）¥2,000を現金にて立て替えて支払った。

売　掛　金	152,000	売　　上	150,000
		現　　金	2,000

【解説】

　８月５日　掛売品の返品（戻り）が生じたときは、当初の掛売の仕訳を貸借逆にする。

　　10日　8/1売掛金の増加(600,000−150,000)−8/5返品50,000＝8/10回収400,000

　　13日　引取運賃等の仕入諸掛は仕入原価に含める。他の費用勘定で処理しない。

　　15日　掛買品の返品（戻し）が生じたときは、当初の掛買の仕訳を貸借逆にする。

　　18日　当方負担の発送運賃（発送費）を支払った時は、発送費勘定の借方に記入する。発送運賃を誰が負担するのか明記していない場合は当方負担とし仕訳する。

　　20日　掛売品の値引が生じたときは、当初の掛売の仕訳を貸借逆にする。

　　23日　先方負担の引取費等の仕入諸掛は、買掛金の減少または立替金（資産）の増加とする。

　　25日　８月23日買掛金の増加（¥200,000）より先方負担引取費（¥2,500）を控除して、買掛金支払額（¥197,500）を算定する。

　　31日　先方負担の発送運賃を支払ったときは、売掛金に含めるか、または立替金の増加とする。

【例題２】　次の取引を人名勘定を用いて仕訳しなさい。商品売買は３分法によること。

　10月　1日　A商店から商品¥150,000を掛にて仕入れ、引取運賃¥7,000は小切手を振り出して支払った。

仕　　入	157,000	A　商　店	150,000

		当座預金	7,000		

5日　上記の商品の一部に品質不良があったので、¥10,000の値引を受けた。

A 商 店	10,000	仕　　入	10,000

10日　B商店へ商品¥80,000を掛にて売り渡し、発送費¥5,000は現金で支払った。

B 商 店	80,000	売　　上	80,000
発 送 費	5,000	現　　金	5,000

20日　A商店へ買掛金¥140,000を小切手を振り出して支払った。

A 商 店	140,000	当座預金	140,000

25日　B商店より10月10日の掛売分のうち¥1,000は品違いのため返品された。

売　　上	1,000	B 商 店	1,000

31日　B商店より売掛金¥79,000を同店振り出しの小切手で回収した。

現　　金	79,000	B 商 店	79,000

【解説】

① 売掛金勘定の代わりに"B商店"という固有名詞の勘定科目を用いる。

② 買掛金勘定の代わりに"A商店"という固有名詞の勘定科目を用いる。

【例題3】　次の取引を仕訳し、総勘定元帳の売掛金勘定と買掛金勘定に転記するとともに、売掛金元帳と買掛金元帳に記入しなさい。

9月 1日　A商店へ商品¥80,000を掛にて売り渡した。

売 掛 金	80,000	売　　上	80,000

2日　B商店から商品¥120,000を掛にて仕入れた。

仕　　入	120,000	買 掛 金	120,000

4日　A商店へ9月1日に掛売した商品に品違いがあったので、当該商品¥5,000が返品された。

売　　上	5,000	売 掛 金	5,000

6日　B商店から9月2日に掛買した商品に一部汚損品があったので、¥20,000を返品した。

買 掛 金	20,000	仕　　入	20,000

8日　C商店へ商品¥250,000を売り渡し、代金のうち¥60,000は同店振り出しの小切手で受け取り、残額は掛とした。

売 掛 金	190,000	売　　上	250,000
現　　金	60,000		

9日　上記の掛売品に不良品があったので、¥10,000の値引を承諾した。

売　　上	10,000	売 掛 金	10,000

11日　D商店から商品¥130,000を掛にて仕入れた。

仕　　入	130,000	買 掛 金	130,000

13日　A商店への売掛金¥50,000が当座預金口座へ振り込まれた旨の通知を受けた。

当座預金	50,000	売 掛 金	50,000

17日　B商店への買掛金￥70,000を小切手を振り出して支払った。

買　掛　金	70,000	当座預金	70,000

20日　C商店への売掛金￥90,000を同店振り出しの小切手で受け取った。

現　　　金	90,000	売　掛　金	90,000

25日　D商店への買掛金￥110,000を小切手を振り出して支払った。

買　掛　金	110,000	当座預金	110,000

売掛金

借方			貸方		
9/1前月繰越	180,000		9/4 売　　上	5,000
〃 売　　上	80,000		9 売　　上	10,000
8 売　　上	190,000		13 当座預金	50,000
			20 現　　金	90,000

買掛金

借方			貸方	
9/6 仕　　入	20,000		9/1前月繰越	150,000
17 当座預金	70,000		2仕　　入	120,000
25 当座預金	110,000		11仕　　入	130,000

売　掛　金　元　帳
A　商　店

日付		摘　　要	借　　方	貸　　方	借または貸	残　　高
9	1	前 月 繰 越	100,000		借	100,000
	〃	売　　上	80,000		〃	180,000
	4	返　　品		5,000	〃	175,000
	13	入　　金		50,000	〃	125,000

C　商　店

日付		摘　　要	借　　方	貸　　方	借または貸	残　　高
9	1	前 月 繰 越	80,000		借	80,000
	8	売　　上	190,000		〃	270,000
	9	値　　引		10,000	〃	260,000
	20	入　　金		90,000	〃	170,000

買　掛　金　元　帳
B　商　店

日付		摘　　要	借　　方	貸　　方	借または貸	残　　高
9	1	前 月 繰 越		100,000	貸	100,000
	2	仕　　入		120,000	〃	220,000
	6	返　　品	20,000		〃	200,000
	17	支　　払	70,000		〃	130,000

D　商　店

日付		摘　　要	借　　方	貸　　方	借または貸	残　　高
9	1	前 月 繰 越		50,000	貸	50,000
	11	仕　　入		130,000	〃	180,000
	25	支　　払	110,000		〃	70,000

【解説】
(1) 仕訳の際、売掛金勘定と買掛金勘定の横に次のように商店名を簡単にメモ書きして
おくと、売掛金元帳と買掛金元帳の各人名勘定に記入するとき便利である。売掛金勘
定と買掛金勘定に転記したら、転記済を示すために当該勘定科目にチェック(√)する。
同時に売掛金元帳と買掛金元帳の各人名勘定にも記入し、記入済を示すためにメモ書
きした商店名にチェック(√)する。

  例 9/1 売 掛 金（A商店）80,000 売   上   80,000
    2 仕 入   120,000 買 掛 金（B商店）120,000

(2) 売掛金勘定の借方合計、貸方合計および残高は売掛金元帳に設けられた各人名勘定
の借方合計、貸方合計および残高の総計と一致する。同様に、買掛金勘定の借方合計、
貸方合計および残高は、買掛金元帳に設けられた各人名勘定の借方合計、貸方合計お
よび残高の総計と一致する。

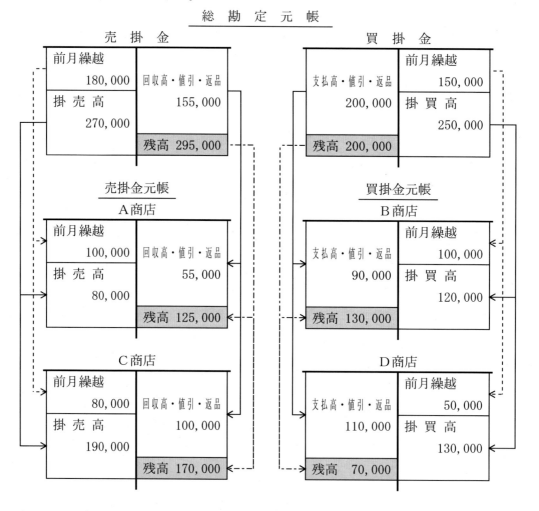

(3) 売掛金元帳と買掛金元帳の各人名勘定の「借または貸」欄は売掛金または買掛金の残
高が貸借いずれに生じているかを示すのであり、その取引において売掛金または買掛金

の増減が貸借いずれに生じているかを示すものではない。

たとえば、9月4日A商店では掛売品の返品により売掛金が減少し、売掛金勘定の貸方に記入されるが残高は借方である。

【例題4】 次の取引に基づいて、買掛金元帳（A商店）を作成し、また、月末に帳簿を締め切りなさい。

10月 1日 買掛金の前月繰越高は￥500,000

(内訳：A商店￥300,000、B商店￥130,000、C商店￥70,000)

5日 A商店から商品￥80,000を掛で仕入れた。

8日 上記商品のうち￥5,000を品違いのため返品した。

10日 A商店の買掛金￥200,000を小切手を振り出して支払った。

15日 B商店から商品￥120,000を掛で仕入れた。

20日 A商店から商品￥230,000を仕入れ、代金のうち￥130,000は他店振り出しの小切手で支払い、残額は掛とした。

25日 上記商品の一部に不良品があったので、￥30,000の値引を受けた。

買 掛 金 元 帳
A 商 店

日付		摘 要	借 方	貸 方	借または貸	残 高
10	1	前 月 繰 越		300,000	貸	300,000
	5	仕　　　入		80,000	〃	380,000
	8	返　　　品	5,000		〃	375,000
	10	支　　　払	200,000		〃	175,000
	20	仕　　　入		100,000	〃	275,000
	25	値　　　引	30,000		〃	245,000
	31	次 月 繰 越	245,000			
			480,000	480,000		
11	1	前 月 繰 越		245,000	貸	245,000

10/5	仕　　　入	80,000		買 掛 金(A)	80,000
8	買 掛 金(A)	5,000		仕　　　入	5,000
10	買 掛 金(A)	200,000		当 座 預 金	200,000
15	仕　　　入	120,000		買 掛 金(B)	120,000
20	仕　　　入	230,000		現　　　金	130,000
				買 掛 金(A)	100,000
25	買 掛 金(A)	30,000		仕　　　入	30,000

【解説】

(1) 買掛金元帳のなかのＡ商店のみを作成する問題なので、問題中にあるＢ商店とＣ商店は関係ない。

(2) 仕訳は解答する必要はないが、計算用紙に仕訳した後、買掛金元帳のＡ商店の勘定口座に記入する。記入したら、記入済を示すため買掛金勘定の横にメモ書きした商店名にチェック(✓)する。

(3) 月末に残高欄の金額を借方に移記して、借方と貸方の合計金額を平均させて締め切り、次月へ繰り越す。締め切りに際して、日付、摘要欄の次月繰越高は赤字記入する。

【例題５】 次の資料にもとづいて、8月31日現在の売掛金明細表および買掛金明細表を作成しなさい。

8月25日現在　売掛金勘定借方合計　￥85,000　貸方合計　￥30,000

買掛金勘定借方合計　￥20,000　貸方合計　￥50,000

26日　本日売上　現金￥3,000　掛Ａ商店￥7,000　Ｂ商店￥8,000

本日仕入　現金￥1,500　掛Ｃ商店￥5,000　Ｄ商店￥3,000

27日　本日売上　現金￥4,000　掛Ａ商店￥8,000　Ｂ商店￥5,000

本日仕入　現金￥2,500　掛Ｃ商店￥4,000　Ｄ商店￥2,500

商品返品　8月26日　Ａ商店掛売分￥2,000

28日　本日売上　現金￥5,000　掛Ａ商店￥7,500　Ｂ商店￥8,500

本日仕入　現金￥3,500　掛Ｃ商店￥3,000　Ｄ商店￥1,500

売掛金回収（小切手）　Ａ商店￥15,000　Ｂ商店￥10,000

買掛金支払（小切手）　Ｃ商店￥ 9,000　Ｄ商店￥ 8,000

29日　本日売上　現金￥6,000　掛Ａ商店￥9,000　Ｂ商店￥10,000

本日仕入　現金￥5,000　掛Ｃ商店￥4,500　Ｄ商店￥ 3,500

商品値引　8月27日　Ｃ商店掛買分￥3,000

30日　売掛金回収（小切手）　Ａ商店￥10,000　Ｂ商店￥ 7,000

買掛金支払（小切手）　Ｃ商店￥ 8,000　Ｄ商店￥ 6,000

31日　本日売上　現金￥3,000　掛Ａ商店￥12,000　Ｂ商店￥11,000

本日仕入　現金￥4,000　掛Ｃ商店￥ 7,000　Ｄ商店￥ 5,000

	売掛金明細表			買掛金明細表	
	8月25日	8月31日		8月25日	8月31日
Ａ　商　店	￥ 30,000	￥	Ｃ　商　店	￥ 20,000	￥
Ｂ　商　店	25,000		Ｄ　商　店	10,000	
	￥ 55,000	￥		￥ 30,000	￥

8/26	現　　金	3,000		売　　上	18,000	
	売 掛 金	15,000 (A 7,000 B 8,000)				
	仕　　入	9,500		買 掛 金	8,000 (C 5,000 D 3,000)	
				現　　金	1,500	
/27	現　　金	4,000		売　　上	17,000	
	売 掛 金	13,000 (A 8,000 B 5,000)				
	仕　　入	9,000		買 掛 金	6,500 (C 4,000 D 2,500)	
				現　　金	2,500	
	売　　上	2,000		売 掛 金	2,000 (A 2,000)	
/28	現　　金	5,000		売　　上	21,000	
	売 掛 金	16,000 (A 7,500 B 8,500)				
	仕　　入	8,000		現　　金	3,500	
				買 掛 金	4,500 (C 3,000 D 1,500)	
	現　　金	25,000		売 掛 金	25,000 (A15,000 B10,000)	
	買 掛 金	17,000 (C 9,000 D 8,000)		当座預金	17,000	
/29	現　　金	6,000		売　　上	25,000	
	売 掛 金	19,000 (A 9,000 B10,000)				
	仕　　入	13,000		現　　金	5,000	
				買 掛 金	8,000 (C 4,500 D 3,500)	
	買 掛 金	3,000 (C 3,000)		仕　　入	3,000	
/30	現　　金	17,000		売 掛 金	17,000 (A10,000 B 7,000)	
	買 掛 金	14,000 (C 8,000 D 6,000)		当座預金	14,000	
/31	現　　金	3,000		売　　上	26,000	
	売 掛 金	23,000 (A12,000 B11,000)				
	仕　　入	16,000		買 掛 金	12,000 (C 7,000 D 5,000)	
				現　　金	4,000	

【解答】

A商店 ……	¥46,500		C商店 ……	¥23,500
B商店 ……	50,500		D商店 ……	11,500
	¥97,000			¥35,000

【解説】
(1) まず、計算用紙に仕訳をする。売掛金勘定および買掛金勘定の横に商店名および金額をメモ書きする。
(2) 計算用紙に売掛金および買掛金の勘定口座（T字型）を設け、8月25日現在の借方合計および貸方合計を記入する。同様に各商店別の勘定口座（人名勘定）を設け、8月25日現在の残高を記入する。次に、8/26から8/31までの取引にもとづいて、それぞれの勘定口座に転記する。
(3) 転記後、得意先の各人名勘定の残高を売掛金明細表に、仕入先の各人名勘定の残高を買掛金明細表に移記する。得意先の各人名勘定の残高の総計は総勘定元帳の売掛金勘定の残高と一致し、仕入先の各人名勘定の残高の総計は買掛金勘定の残高と一致する。

	売 掛 金		
8/25	85,000	8/25	30,000
8/26	15,000	8/27	2,000
8/27	13,000	8/28	25,000
8/28	16,000	8/30	17,000
8/29	19,000	残高	97,000
8/31	23,000		

	買 掛 金		
8/25	20,000	8/25	50,000
8/28	17,000	8/26	8,000
8/29	3,000	8/27	6,500
8/30	14,000	8/28	4,500
残高	35,000	8/29	8,000
		8/31	12,000

	A 商 店		
8/25	30,000	8/27	2,000
8/26	7,000	8/28	15,000
8/27	8,000	8/30	10,000
8/28	7,500	残高	46,500
8/29	9,000		
8/31	12,000		

	C 商 店		
8/28	9,000	8/25	20,000
8/29	3,000	8/26	5,000
8/30	8,000	8/27	4,000
残高	23,500	8/28	3,000
		8/29	4,500
		8/31	7,000

	B 商 店		
8/25	25,000	8/28	10,000
8/26	8,000	8/30	7,000
8/27	5,000	残高	50,500
8/28	8,500		
8/29	10,000		
8/31	11,000		

	D 商 店		
8/28	8,000	8/25	10,000
8/30	6,000	8/26	3,000
残高	11,500	8/27	2,500
		8/28	1,500
		8/29	3,500
		8/31	5,000

問題1 次の取引を仕訳しなさい。なお、商品売買は3分法によること。

1月 1日 商品￥100,000を売上げ、代金は掛とした。

2日 商品￥80,000を仕入れ、代金は￥50,000を現金で支払い、残額は掛とした。

5日 上記掛買品のうち￥5,000は品違いのため返品した。

10日 商品￥150,000を売上げ、代金は掛とした。なお、発送費￥4,000は小切手を振り出して支払った。

13日 上記掛売品のうち￥10,000は不良品のため値引を承諾した。

15日 売掛金￥50,000を先方振り出しの小切手で回収して、ただちに、当座預金に預け入れた。

17日 買掛金￥40,000のうち現金で￥13,000支払い、残額は小切手を振り出して支払った。

20日 商品￥120,000を売上げ、代金は掛とした。なお、発送費(先方負担)￥3,000を現金にて立て替えて支払った。

25日 商品￥90,000を仕入れ、代金は掛とした。なお、引取費(先方負担)￥2,000は現金で支払った。

日付	借 方	金 額	貸 方	金 額
1/ 1				
2				
5				
10				
13				
15				
17				
20				
25				

問題2 次の取引を仕訳し、総勘定元帳の売掛金勘定と買掛金勘定に転記するとともに、売掛金元帳と買掛金元帳に記入しなさい。

3月 1日　A商店から商品¥90,000を掛にて仕入れた。

　　 3日　B商店へ商品¥70,000を掛にて売り渡した。

　　 5日　A商店から掛買した商品に不良品があり¥5,000の値引を受けた。

　　10日　B商店への売掛金¥50,000を小切手にて回収した。

　　15日　C商店から商品¥100,000を掛にて仕入れた。

　　18日　C商店への買掛金¥80,000を小切手を振り出して支払った。

　　20日　D商店へ商品¥120,000を掛にて売り渡した。

　　25日　D商店へ掛売した商品のうち¥20,000は品違いのため返品された。

```
         売  掛  金                    買  掛  金
3/1 前月繰越  200,000  |          |  3/1 前月繰越  150,000
                       |          |
```

売 掛 金 元 帳
B 商 店

日 付	摘　　要	借 方	貸 方	借または貸	残 高
3　1	前月繰越	150,000		借	150,000

D 商店

日付		摘要	借方	貸方	借または貸	残高
3	1	前月繰越	50,000		借	50,000

買 掛 金 元 帳
A 商店

日付		摘要	借方	貸方	借または貸	残高
3	1	前月繰越		80,000	貸	80,000

C 商店

日付		摘要	借方	貸方	借または貸	残高
3	1	前月繰越		70,000	貸	70,000

問題3 次の取引に基づいて、売掛金元帳（B商店）を作成し、また、月末に帳簿を締め切りなさい。

3月 1日 売掛金の前月繰越高は￥300,000（内訳　A商店￥170,000　B商店￥130,000）

　　 5日 B商店へ商品￥70,000を掛にて売り渡した。

　　 8日 上記商品のうち￥6,000が不良品のため返品を受けた。

　　10日 B商店の売掛金￥150,000を同店振り出しの小切手で回収した。

　　20日 B商店へ商品￥90,000を掛にて売り渡した。

　　25日 上記商品の一部に不良品があったため、￥5,000の値引を承諾した。

売 掛 金 元 帳
B 商 店

日 付	摘　　要	借　方	貸　方	借または貸	残　高
3　1	前月繰越	130,000		借	130,000

問題4 次の資料にもとづいて、4月30日現在の売掛金明細表および買掛金明細表を作成しなさい。

4月25日現在　売掛金勘定借方合計　￥90,000　貸方合計　￥20,000
　　　　　　　買掛金勘定借方合計　￥30,000　貸方合計　￥60,000

26日　本日売上　現金￥3,500　掛A商店￥5,000　B商店￥6,000
　　　本日仕入　現金￥2,000　掛C商店￥4,000　D商店￥3,000

27日　本日売上　現金￥4,000　掛A商店￥7,000　B商店￥8,000
　　　本日仕入　現金￥1,500　掛C商店￥3,500　D商店￥2,500
　　　商品返品　4月26日　C商店掛買分￥1,000

28日　本日売上　現金￥5,000　掛A商店￥5,500　B商店￥6,500
　　　本日仕入　現金￥6,000　掛C商店￥5,000　D商店￥6,000
　　　商品値引　4月27日　A商店掛売分￥2,000

29日　本日売上　現金￥7,000　掛A商店￥6,000　B商店￥6,500
　　　本日仕入　現金￥5,000　掛C商店￥7,000　D商店￥6,500
　　　売掛金回収（小切手）　A商店￥30,000　　B商店￥20,000
　　　買掛金支払（小切手）　C商店￥15,000　　D商店￥ 9,000

30日　本日売上　現金￥8,000　掛A商店￥2,000　B商店￥1,000
　　　本日仕入　現金￥7,000　掛C商店￥1,500　D商店￥1,700

売掛金明細表

	4月25日	4月30日
A商店	￥　40,000	￥
B商店	30,000	
	￥　70,000	￥

買掛金明細表

	4月25日	4月30日
C商店	￥　20,000	￥
D商店	10,000	
	￥　30,000	￥

第１５章　手　　形

(1) 受取手形と支払手形

　簿記上では、法律による約束手形・為替手形の種類を問わず、手形上の債権者となれば**受取手形勘定**で、そして手形上の債務者となれば**支払手形勘定**で処理する。
　約束手形は、手形の振出人(支払人)が名宛人(受取人)に対して、一定期日(満期日)に手形代金を支払うことを約束した証券(＝支払約束証券)を意味する。これに対して**為替手形**は、手形の振出人が名宛人(引受人・支払人)に対して、一定期日に手形代金を指図人(受取人)に支払うことを依頼する証券(＝支払委託証券)である。

> **注意**　会計処理法としては、約束手形・為替手形を問わず、手形を受領(債権者)すれば借方「受取手形」
> として、また債務者となれば貸方「支払手形」として処理すれば良いのである。為替手形の振出人の
> 処理(法)は、自分の債権・債務を帳消しにする内容であるから、基本的には、**借方「買掛金」**で貸方
> **「売掛金」**として処理される。

(2) 手形の裏書と売却

　手形の所有者は、手形を支払手段として満期日前に他人に譲渡することができる。この場合、手形上の権利を譲渡する諸手続き(署名・捺印)が手形裏面で行われ譲渡されるので、これを**手形の裏書譲渡**という。
　資金の融通を受けるために、銀行など金融機関に満期日前に手形を裏書譲渡して買い取ってもらうことがある。これを**手形の売却**という。銀行は、手形の買取日から決済日までの利息分などを控除した額で、その手形を買い取る。その結果、手形券面額と手形入金(売却)額との差額が、**手形売却損**(利息相当額)として処理される。
　手形の「裏書」および「売却」は共に、手形債権が消滅するので受取手形勘定の貸方記入として処理する。

裏書譲渡のケース	○　○　○	×××	**受取手形**	×××	
手形売却のケース	当座預金	×××	**受取手形**	×××	
	手形売却損	×××			

(4) 受取手形記入帳と支払手形記入帳

　手形債権・手形債務の詳細を記録するための補助簿である。その記入手順は、以下の通りである(出題頻度としては、補助簿をどの程度「読み取る力があるか…!?」が問われるケースが多い。以下、ポイントのみ指摘する)。
- a. 日付欄には手形受取日、振出日または引受日を記入する。
- b. 手形種類欄には約束手形の場合には約(約手)と、為替手形の場合は為(為手)と略記する。
- c. 摘要欄は手形債権または手形債務の発生原因を記入する。
- d. 受取手形記入帳の"支払人欄"は約束手形の場合は振出人を、為替手形の場合は名宛人(引受人)を記入する。
- e. 振出人または裏書人欄は手形を振出人から受け取ったときは振出人を、裏書譲渡されたときは裏書人を記入する。
- f. 支払手形記入帳の振出人欄は約束手形の場合は当店となる。
- g. てん末欄は手形債権・手形債務の消滅原因を記入する。たとえば、入金、売却、裏書、支払(期日支払)とする。

(5) 手形貸付金と手形借入金

　金銭貸借するとき「借用証書」に代えて、約束手形や為替手形を授受することがある。こうした金融手形については、必ず手形貸付金や手形借入金勘定で処理する。

【例題1】　次の取引を仕訳しなさい。
  (1)　A商店に商品¥500,000を売り、代金のうち¥200,000は同店振出の約束手形で受け取り、残額は掛とした。

　　　受取手形　　　200,000　　　　売　　上　　　500,000
　　　売 掛 金　　　300,000

  (2)　上記手形が満期日となり、本日、支払われた旨の通知が銀行よりあった。

　　　当座預金　　　200,000　　　　受取手形　　　200,000

  (3)　B商店から商品¥300,000を仕入れ、代金は約束手形を振り出して支払った。

　　　仕　　入　　　300,000　　　　支払手形　　　300,000

  (4)　上記手形が満期となり、本日、支払い済みの通知が銀行よりあった。

　　　支払手形　　　300,000　　　　当座預金　　　300,000

【例題2】　次の取引をA商店、B商店、C商店の各々3店について仕訳しなさい。なお、仕訳がない場合には、「仕訳なし」と明記しなさい。

  (1)　A商店はB商店に商品¥50,000を売り渡し、代金は掛とした。

　　　A商店：　売 掛 金　　　50,000　　　売　　上　　　50,000
　　　B商店：　仕　　入　　　50,000　　　買 掛 金　　　50,000
　　　C商店：　　　仕訳なし

  (2)　A商店はC商店から商品¥30,000を仕入れ、代金はかねて売掛金のある得意先
　　　B商店宛の為替手形を振り出し、B商店の引受けを得て、C商店に渡した。

　　　A商店：　仕　　入　　　30,000　　　売 掛 金　　　30,000
　　　B商店：　買 掛 金　　　30,000　　　支払手形　　　30,000
　　　C商店：　受取手形　　　30,000　　　売　　上　　　30,000

  (3)　C商店は取り立て依頼していた為替手形¥30,000が、本日(満期日)、取引銀行より当座預金に入金された旨の通知を受けた。

　　　A商店：　　　仕訳なし
　　　B商店：　支払手形　　　30,000　　　当座預金　　　30,000
　　　C商店：　当座預金　　　30,000　　　受取手形　　　30,000

【解説】
　　為替手形〔(2)と(3)〕に関する事項に限定して説明する。
  ①　為替手形の振出人は、名宛人に対する債権と指図人に対する債務を有することが前提となる。それらを一度に決済してしまうのが、為替手形の振り出しである。
  ②　振出人は債権・債務は有するが、手形上の債権・債務は生じない。
  ③　仕入代金の支払のため為替手形を振り出したのであるから、当然、借方は仕入勘定となる。既存問題パターンでは、買掛金であるケースが多いので注意すべきである。
  ④　名宛人は為替手形を「引受ける」ことにより手形上の債務者となるから、貸方は支払手形となる。
  ⑤　為替手形が満期日に決済されても、手形代金の授受は名宛人と指図人の間で行われるので、振出人の仕訳はない。

【例題3】　以下の取引について、仕訳を示しなさい。

(1)　A商店から商品￥150,000を仕入れ、代金のうち￥90,000はB商店より受け取った約束手形を裏書譲渡し、残額は小切手を振り出して支払った。

　　　　仕　　　　入　　　150,000　　　　受　取　手　形　　　90,000
　　　　　　　　　　　　　　　　　　　　　　当　座　預　金　　　60,000

(2)　既に受領してあったD商店振り出しの約束手形￥250,000を、本日、取引銀行にて手形を売却し、その代金を当座預金とした。なお、売却の条件は割引率(年利)7.3%であり、売却日から決済日までの期間は40日であった。

　　　　当　座　預　金　　　248,000　　　　受　取　手　形　　　250,000
　　　　手　形　売　却　損　　　2,000

【解説】

(1)　同じ約束手形であっても、裏書譲渡と振出行為とでは内容が異なるので明確に区別すること。

(2)　「…手形を売却し、その代金を当座預金とした」という記述は、当然、その売却代金と手形売却損とを算定することが前提とされている。

$$手形売却損＝手形代金×割引率(年利)×\frac{経過日数}{365}$$

【例題4】　下掲の取引を仕訳して、受取手形記入帳と支払手形記入帳に記入しなさい。

　9月1日　A商店に商品￥100,000を販売し、代金は同店振出の約束手形#15で受け取った。　振出日：9月1日　満期日：10月31日　支払場所：B銀行

　　　　受　取　手　形　　　100,000　　　　売　　　　上　　　100,000

　　　3日　C商店から商品￥90,000を仕入れ、代金は約束手形#3を振り出して支払った。　振出日：9月3日　満期日：10月25日　支払場所：D銀行

　　　　仕　　　　入　　　90,000　　　　支　払　手　形　　　90,000

　　　5日　E商店から売掛金￥80,000について、同店振出、F商店宛(引受済)為替手形#18(￥80,000)を受け取った。

　　　　　　振出日：9月5日　満期日：11月5日　支払場所：G銀行

　　　　受　取　手　形　　　80,000　　　　売　掛　金　　　80,000

　　　10日　H商店に対する買掛金の支払いにつき、同店振出、K商店受取の為替手形#8(￥130,000)を引き受けた。

　　　　　　振出日：9月10日　満期日：11月10日　支払場所：M銀行

　　　　買　掛　金　　　130,000　　　　支　払　手　形　　　130,000

　10月1日　C商店から商品￥150,000を仕入れ、代金は9月5日にE商店から受け取った為替手形#18を裏書譲渡し、残額は掛とした。

　　　　仕　　　　入　　　150,000　　　　受　取　手　形　　　80,000
　　　　　　　　　　　　　　　　　　　　　　買　掛　金　　　70,000

　　　20日　9月1日にA商店より受け取った約束手形#15(￥100,000)を、取引銀行に取立依頼した。

仕訳なし

25日　9月3日にC商店宛に振り出した約束手形＃3(¥90,000)が、本日、満期となり当店の当座預金から支払われた旨、取引銀行から通知を受けた。

　　　　　支払手形　　　　90,000　　　　　当座預金　　　　　90,000

31日　先に取立依頼してあった約束手形＃15(¥100,000)が満期日に決済され、代金は当座預金に入金した旨の通知を受けた。

　　　　　当座預金　　　100,000　　　　　受取手形　　　　100,000

受 取 手 形 記 入 帳

日付		手形種類	手形番号	摘　要	支払人	振出人裏書人	振出日		満期日		支払場所	手形金額	てん末		
							月	日	月	日			月	日	摘　要
9	1	約	15	売　上	A商店	A商店	9	1	10	31	B銀行	100,000	10	31	入　金
	5	為	18	売掛金	F商店	E商店	9	5	11	5	G銀行	80,000	10	1	裏　書

支 払 手 形 記 入 帳

日付		手形種類	手形番号	摘　要	受取人	振出人	振出日		満期日		支払場所	手形金額	てん末		
							月	日	月	日			月	日	摘　要
9	3	約	3	仕　入	C商店	当　店	9	3	10	25	D銀行	90,000	10	25	支　払
	10	為	8	買掛金	K商店	H商店	9	10	11	10	M銀行	130,000			

【解説】

(1) 9月5日の為替手形の支払人は引受人F商店となり、振出人はE商店となる。

(2) 9月10日の為替手形の受取人はK商店となり、振出人は買掛金を有するH商店となる。

【例題5】　次の帳簿の名称を(　　　　)の中に記入し、併せて、この帳簿に記録されている諸取引を仕訳しなさい。ただし、買掛金については人名勘定を用いること。

(支 払 手 形 記 入 帳)

日付		手形種類	手形番号	摘　要	受取人	振出人	振出日		満期日		支払場所	手形金額	てん末		
							月	日	月	日			月	日	摘　要
10	1	約	20	買掛金	A商店	当　店	10	1	11	25	B銀行	100,000	11	25	支　払
	31	為	15	買掛金	C商店	D商店	10	31	11	10	E銀行	150,000			

　　　　10月　1日　　A　商　店　　100,000　　　　　支払手形　　　100,000
　　　　　　31日　　D　商　店　　150,000　　　　　支払手形　　　150,000
　　　　11月25日　　支払手形　　100,000　　　　　当座預金　　　100,000

【解説】

(1) 帳簿の名称は、次のように覚えると便利である。

　　　　支払人欄があれば　⇒　受取手形記入帳

受取人欄があれば ⇒ 支払手形記入帳

支払人欄があるから、支払手形記入帳と逆(間違って)に覚えないこと。

(2) 取引を推定すると

10月 1日 A商店の買掛金を支払うため、約束手形♯20(¥100,000)を振り出した。

31日 買掛金のあるD商店振出、C商店受け取りの為替手形♯15(¥150,000)を引き受けた。

11月25日 A商店宛に振り出した約束手形♯20(¥100,000)が満期日となり、当座預金から支払った。

(3) 「顛(てん)末」欄の仕訳を忘れないこと。

(4) 手形代金の決済(授受)は通常、支払人の当座預金から支払われ、受取人の当座預金に入金するので、満期日に手形代金が支払われれば支払人にとっては当座預金の減少となる。

【例題6】 次の取引を仕訳しなさい。

(1) A商店に¥200,000を貸し付け、同額の約束手形を受け取った。なお、利息として¥10,000を差し引いた残りを小切手を振り出して支払った。

| 手形貸付金 | 200,000 | 受 取 利 息 | 10,000 |
| | | 当 座 預 金 | 190,000 |

(2) 上記の約束手形が満期日となり、A商店より手形代金¥200,000を小切手で受け取った。

| 現　　　金 | 200,000 | 手形貸付金 | 200,000 |

(3) 銀行から「国債を担保」として¥2,000,000を借り入れた。この借入金に対して約束手形を振り出し、利息を差し引かれ、手取金は当座預金とした。 なお、借入期間は73日で、利率は年10%である。

| 当 座 預 金 | 1,960,000 | 手形借入金 | 2,000,000 |
| 支 払 利 息 | 40,000 | | |

(4) 上記の約束手形が期限到来(満期日)したので、銀行に手形代金¥2,000,000を小切手を振り出して支払い、担保に供した国債の返還を受けた。

| 手形借入金 | 2,000,000 | 当 座 預 金 | 2,000,000 |

【解説】

(1) 利息を差し引いた残りについて小切手を振り出し貸し付けたということは、貸付金ついての利息を受け取ったことになるので、受取利息勘定への貸方記入となる。なお、小切手を振り出した金額は受取利息を差し引いた¥190,000だが、債権額(請求額)は受取利息を差し引く前の¥200,000である。

(2) 手形代金を受け取ることにより、手形貸付金も消滅させる。

(3) 金銭の借入れに際し担保品を差し入れても、3級では仕訳する必要はない。

$$¥2,000,000 × 10\% × \frac{73日}{365日} = ¥40,000 \cdots\cdots 支払利息$$

(4) 担保品の返還(上記(3)と反対)を受けても、3級では仕訳する必要はない。

問題1 次の取引を仕訳しなさい。

(1) A商店はB商店に商品￥130,000を売り渡し、代金は同店振り出しの約束手形を受け取った。

A商店

B商店

(2) A商店は上記約束手形を満期日前に銀行に売却し、その代金を当座預金とした。なお売却の条件は、割引率(年利)7.3％であり、売却日から決済日まで日数は72日であった。

(3) C商店は仕入先D商店に対して買掛金￥50,000を有し、得意先E商店に対して売掛金￥50,000がある。本日、C商店は買掛金を支払うため名宛人をE商店、受取人をD商店とする為替手形￥50,000を振り出し、E商店の引受を得たのち、D商店に渡した。

C商店

D商店

E商店

(4) 上記の為替手形が満期日に無事決済された旨、取引銀行から通知を受けた。

C商店

D商店

E商店

(5) 商品￥350,000を仕入れ、代金は所有している為替手形￥200,000を裏書譲渡し、残額

は掛とした。

(6) F商店はG商店から￥500,000を借り入れた。この借入金に対して約束手形を振り出し、利息￥10,000を差し引かれ、残額は小切手で受け取り直ちに当座預金とした。

F商店

G商店

問題2　次の取引を仕訳して、支払手形記入帳に記入しなさい。

9月 5日　H商店から商品￥250,000を仕入れ、代金は約束手形＃1を振り出して支払った。　　振出日：9月5日　満期日：10月25日　支払場所：J銀行

10日　K商店に対する買掛金につき同店振出、M商店受取の為替手形＃5を引き受けた。なお、手形金額は￥130,000である。
　　　　　振出日：9月10日　満期日：10月31日　支払場所：N銀行

10月25日　9月5日にH商店に振り出した約束手形＃1(￥250,000)が本日満期につき、当店の当座預金から支払われた旨、取引銀行から通知を受けた。

支 払 手 形 記 入 帳

日付	手形種類	手形番号	摘　要	受取人	振出人	振出日 月	振出日 日	満期日 月	満期日 日	支払場所	手形金額	てん末 月	てん末 日	てん末 摘　要

次の帳簿の名称を（　　　　）の中に記入し、併せて、この帳簿に記録されている諸取引を仕訳しなさい。ただし、売掛金については人名勘定を用いること。

（　　　　　　　　　　　　　）

日付		手形種類	手形番号	摘要	支払人	振出人裏書人	振出日		満期日		支払場所	手形金額	てん末		
							月	日	月	日			月	日	摘要
11	1	約	15	売上	A商店	A商店	11	1	12	25	B銀行	240,000	12	25	回収
	5	為	20	売掛金	C商店	D商店	11	5	12	31	E銀行	330,000	11	20	裏書譲渡

11月20日　買掛代金の支払のため、所持していた手形（♯20）を裏書譲渡した。

12月25日　回収した手形代金は、当座預金に入金した。

日　付	借　　　　方		貸　　　　方	
11月 1日				
5日				
20日				
12月25日				

第16章　その他の債権・債務

　商品売買を中心とする企業の営業取引から生ずる債権・債務は売掛金、受取手形および買掛金、支払手形で処理される。その他の債権・債務はそれ以外の債権・債務であり、以下のようなものがある。

　要するに、本章でのポイントは、取引実態の内容をより色濃く反映させた勘定科目の設定が要求される。

(1) 貸付金・借入金

　借用証書により金銭を貸し付けたとき、貸付金勘定(資産)の借方に記入し、回収したとき貸方に記入する。また同様に、借用証書により金銭を借り入れたとき、借入金勘定(負債)の貸方に記入し、返済したとき借方に記入する。

(2) 未収金・未払金

　有価証券・土地・機械・備品等の売却のような企業の本来の営業取引以外の取引から生ずる債権は、未収金勘定(資産)の借方に記入し、回収したとき貸方に記入する。また同様に、企業の本来の営業取引以外の取引から生ずる債務は未払金勘定(負債)の貸方に記入し、返済したとき借方に記入する。

(3) 前払金・前受金

　商品を仕入れる際、商品を受け取る前に代金の一部を内金または手付金として支払うことがある。この前払した金額を前払金勘定(資産)借方に記入する。そして後日、商品を受け取ったとき、仕入代金の一部に充当され貸方に記入する。また同様に、商品の注文を受け、商品の引き渡しの前に代金の一部を内金または手付金として受け取ることがある。この前受した金額を前受金勘定(負債)の貸方に記入する。そして後日、商品を引き渡したとき売上代金の一部に充当し借方に記入する。

(4) 立替金・預り金

　取引先や従業員等に対して、彼等が支払うべき金額を一時的に立替払したとき、立替金勘定(資産)の借方に記入し、返済を受けたとき貸方に記入する。また、取引先や従業員から一時的に金銭を預かったとき、預り金勘定(負債)の貸方に記入し、返済したとき借方に記入する。

(5) 仮払金・仮受金

　現金の収支はあったが、その勘定科目または金額が未確定のとき一時的に仮払金勘定(資産)または仮受金勘定(負債)で処理し、後日、勘定科目または金額が確定したときに適切な勘定に振替える。

(6) 商品券

　百貨店等が商品券を発行した場合、将来、顧客がその商品券を呈示したときには、これと引き換えに券面額相当の商品を引き渡す義務が生ずる。このため商品券を発行したとき、商品券発行会社は商品券勘定(負債)の貸方に記入する。後日、商品券と引き換えに商品を引き渡したとき、引き渡す義務がそれだけ消滅するので商品券勘定の借方に記入する。

【例題】　次の取引を仕訳しなさい。

(1) 国債を担保として、銀行から¥1,000,000を借り入れた。なお、利息を差し引かれた手取金は、当座預金とした。借入期間は73日で、利率は6％である。

　　　当 座 預 金　　988,000　　　　　借　　入　　金　　1,000,000
　　　支 払 利 息　　 12,000

(2) 取引先A商店に対して、現金¥1,000,000を期間3ヶ月利率年8％で貸し付けた。また、社債額面総額¥300,000を担保として預かった。

　　　貸　　付　　金　　1,000,000　　　　現　　　　　金　　1,000,000

(3) 上記(2)のA商店への貸付金を、満期日に利息と共に同店振り出しの小切手で返済を受け、担保品を返還した。

　　　現　　　　　金　　1,020,000　　　　貸　　付　　金　　1,000,000
　　　　　　　　　　　　　　　　　　　　受　取　利　息　　　 20,000

(4) かねてB商店に売却してあった不用品の代金¥100,000を、本日、同店振り出しの小切手で受け取った。

現 金	100,000		未 収 金	100,000	

(5) 不用になった備品(取得原価¥100,000、減価償却累計額¥60,000)を¥70,000で売却し、代金は月末に受領する約束とした。

未 収 金	70,000	備 品	100,000
減価償却累計額	60,000	固定資産売却益	30,000

(6) C商店(事務機販売店)よりワープロ ¥250,000を購入し、代金のうち¥100,000は現金で支払い、残額は月末払いとした。

備 品	250,000	現 金	100,000
		未 払 金	150,000

<参考> ちなみに、販売先であるC商店の仕訳を示せば次の通りとなる。

現 金	100,000	売 上	250,000
売 掛 金	150,000		

(7) D商店に商品¥500,000を注文し、内金として¥30,000の小切手を振り出した。

前 払 金	30,000	当 座 預 金	30,000

(8) D商店から上記の商品を受け取り、先に支払った内金を差し引いた残額を掛とした。なお、引取運賃¥10,000は現金で支払った。

仕 入	510,000	前 払 金	30,000
		買 掛 金	470,000
		現 金	10,000

(9) 上記(7)のD商店の仕訳

現 金	30,000	前 受 金	30,000

(10) 上記(8)のD商店の仕訳

前 受 金	30,000	売 上	500,000
売 掛 金	470,000		

(11) 従業員Aが負担すべき家具の購入代金¥70,000を現金で支払った。

立 替 金 *	70,000	現 金	70,000

*「従業員立替金」勘定とする方が、取引内容をヨリ実態に即した勘定科目となるであろう。

(12) 今月分の給料¥300,000の支払いに際して、上記(11)の立替分¥70,000と所得税源泉徴収分¥20,000を差し引き現金で支払った。

給 料	300,000	立 替 金 *	70,000
		預 り 金 **	20,000
		現 金	210,000

　* 前述した趣旨より、「従業員立替金」とする方が妥当である。

　** 前述した趣旨より、「所得税預り金」とする方が妥当である。

(13) 上記(12)の所得税源泉徴収分を現金で納付した。

    預 り 金 * 20,000   現   金 20,000

    ＊ 前述した趣旨より、「所得税預り金」とする方が妥当である。

(14) 従業員の出張にあたり、旅費などの費用概算額¥200,000を現金で渡した。

    仮 払 金 200,000   現   金 200,000

(15) 上記(14)で出張中の従業員が帰社し、旅費¥160,000および通信費¥10,000を支出した旨の報告を受け、残額は現金で受け取った。

    旅   費 160,000   仮 払 金 200,000
    通 信 費   10,000
    現   金   30,000

(16) 出張中の従業員から現金¥150,000の送金を受けたが、送金内容は不明である。

    現   金 150,000   仮 受 金 150,000

(17) 上記(16)で出張中の従業員から送金を受けた¥150,000のうち、¥100,000はE商店からの売掛金の回収額であり、残り¥40,000はF商店に対する貸付金の回収額、また¥10,000は同貸付金に対する利息であることが判明した。

    仮 受 金 150,000   売 掛 金 100,000
                            貸 付 金   40,000
                            受 取 利 息   10,000

(18) 顧客から現金¥30,000を受け取り、商品券を発行した。

    現   金   30,000   商 品 券   30,000

(19) 商品¥80,000を売り渡し、代金は当店発行の商品券¥30,000と残額を現金にて受け取った。

    商 品 券   30,000   売   上   80,000
    現   金   50,000

【解説】

(1) イ．借り入れに際し、担保品を差し入れても３級の範囲では仕訳する必要はない。

   ロ．「利息を差し引かれ……」というのは、利息を支払ったという意味である。

   ハ．利息の計算

       1,000,000×0.06(年利率)＝60,000 …… 1年間の利息

       60,000×73/365＝12,000 …… 73日分の利息

       借入期間が日数の場合は分母は365(日)とする。

(2) イ．貸し付けに際し、担保品を預かっても3級では仕訳する必要はない。

   ロ．この場合、利息は満期日に全額受け取るので、貸付時には仕訳する必要はない。

(3) 利息の計算

       1,000,000×0.08(年利率)＝80,000 …… 1年間の利息

       80,000×3/12＝20,000 …… ３ヶ月分の利息

       借入期間が月数の場合は分母は12ヶ月とする。

(4) 不用品の売却は本来の営業取引でないので、その代金の未収分は売掛金勘定を用い

ない。「かねて……売却した不用品」という文言から、すでに不用品が売却され、その代金は未収であり、本日は未収金の回収であることがわかる。

(5) 固定資産の売却価額＞帳簿価額(未償却残高) ⇨ 固定資産売却益の発生

この場合、間接法で記帳されているので、帳簿価額(未償却残高)は取得原価−減価償却累計額＝¥40,000となる。

(6) 備品の購入は、本来の営業取引ではない。しかし、C商店は事務機販売店であるので、ワープロの販売は商品の売上となる。

(7) イ. 商品を注文しただけでは仕入は発生しない。

ロ. 内金(手付金)を払えば、後日、注文の商品を受け取る権利が生ずる。これを前払金勘定で処理する。また、「代金の一部として…」という文言も内金、手付金を意味する。

(8) 注文の商品を受け取ったとき、仕入勘定の借方に記入する。また同時に、商品を受け取る権利が消滅するので前払金を減少させる。

(9) イ. 商品の注文を受けただけでは売上は発生しない。

ロ. 内金(手付金)を受け取れば、後日、注文の商品を引き渡す義務が生ずる。これを前受金勘定で処理する。

(10) 注文の商品を引き渡したとき、売上勘定の貸方に記入する。また同時に、商品を引き渡す義務が消滅するので前受金を減少させる。

(11) 立て替えて支払うことにより後日、返済を受ける権利が生ずる。これを立替金勘定で処理する。従業員に関するものは他のものと区別して、従業員立替金勘定を用いる場合がある。

(12) イ. 給料支払の際、立替分を差し引いて支払ったということは、立替金の返済を受けたという意味であるので立替金の減少となる。

ロ. 給料支払の際、給料に対する所得税を源泉徴収したり、社会保険料の従業員負担分を差し引かなければならない。これらについては、所得税預り金勘定または社会保険料預り金勘定を用いる場合がある。

(13) 給料支払の際、預かった所得税を後日納付したとき、預り金が減少する。

(14) 出張先で何に使うか(勘定科目)、またいくら使うか(金額)が不明であるので仮払金勘定を用いる。

(15) イ. 仮払金は一時的に設けられた仮勘定なので、必ず精算しなければならない。

ロ. 出張中に生じた費用勘定を借方に記入し、余った金額は返してもらうことにより、仮払金は全額消滅する。

ハ. 概算払いした仮払金の金額では足りなくて、追加に支払う場合もある。

(16) 入金の内容が不明なので、仮受金勘定を用いる。

(17) 仮受金は一時的に設けられた仮勘定なので、必ず内容を明確にしなければならない。

(18) 自社で商品券を発行したとき、当該商品券と引き換えに商品を引き渡す義務が生ずる。これを商品券勘定で処理する。商品券を発行して、現金を受け取っても売上ではない。

(19) イ. 後日、顧客から自社発行商品券を呈示されたとき、商品券と引き換えに商品が引き換えに商品が引き換えに商品が引き渡され、売上が発生する。商品券の券面相当額は商品代金に充当される。不足が生ずる場合と過大となりお釣りを払う場合がある。

ロ. 上記(18, 19)は自社発行商品券(負債)の問題であるが、第73回日商簿記検定試験において、商品売上代金として、他社発行商品券の受取の仕訳が出題された。これは「他店商品券勘定」(資産)で処理される。相互の取り決めにより、他店商品券を受け取った時は、それを発行した会社に券面額相当を請求することができるので、これは資産勘定である。

問題 1　次の取引を仕訳しなさい。

(1) A商店はB商店に借用証書と引き換えに、現金¥500,000を貸し付けた。

(2) A商店は上記の貸付金¥500,000を支払期日に利息¥40,000とともに、B商店振り出しの小切手で受け取り、ただちに当座預金とした。

(3) 国債を担保としてC商店から現金¥600,000を期間6ヶ月、年利5%で借り入れた。

(4) 上記(3)のC商店からの借入金を満期日に利息とともに小切手を振り出して返済し、担保の国債の返還を受けた。

(5) D店の株式(額面@¥500、帳簿価額@¥550)100株を1株につき¥600で売却し、代金のうち¥40,000は現金で受け取り、残りは月末に受け取ることにした。

(6) 不用となった机を¥10,000で売却し、代金は月末に受け取ることにした。なお、机の取得原価は購入時に費用処理している。

(7) E会社の株式200株を1株¥500で買い入れ、代金は月末に支払うことにした。

(8) F商店から商品¥300,000を買う約束をし、代金の一部として¥50,000を小切手を振り出して支払った。当店とF商店の各仕訳を示しなさい。

当店

F商店

(9) F商店から上記(8)の商品を受け取り、代金は内金を差し引き、残額は掛とした。当店とF商店の各仕訳を示しなさい。

当店

F商店

(10) 従業員Gに支払うべき現金¥40,000を立て替え払いした。

(11) 当月分の給料¥200,000を支給するに際して、従業員Gに上記(10)で前貸ししてあった¥40,000と所得税源泉徴収分¥10,000差し引き、現金で支払った。

(12) 従業員から社内預金として、¥15,000を現金で預かった。

(13) 掛仕入した商品のうち¥70,000を品違いで返品した。なお、仕入先が負担すべき運賃¥5,000を立て替えて現金で支払った。

(14) 社員が出張から帰り、旅費として¥25,000支出したという報告を受け、不足額を現金で支払った。なお、出張にあたり旅費等の費用概算額¥20,000を仮渡ししてある。

(15) 出張中の社員から預金口座に振り込まれた内容不明の¥80,000のうち、¥50,000は得意先からの売掛金の回収額であり、残りは商品注文の内金であることが判明した。

(16) 商品券¥40,000を発行し、代金は現金で受け取った。

(17) 商品¥130,000を販売し、代金のうち¥30,000は自社発行の商品券で、残りは現金で受け取った。

第17章　有形固定資産・減価償却

(1) 有形固定資産とは…？

　有形固定資産とは、経営活動のために長期にわたって使用することを目的とする具体的形態のある資産である。有形固定資産には、備品・建物・土地・車両運搬具などが含まれる。

(2) 有形固定資産の取得

　有形固定資産を取得した時は、有形固定資産勘定の借方に**取得原価**で記入する。取得原価には、購入代価以外に仲介手数料・運送費・据付費・整地費・登記費用などの使用するまでに要した**付随費用**を含める。

　すなわち、取得原価は次の算式により計算される。

> 取得原価＝購入代価＋**付随費用**

(3) 減価償却とは…？

　土地以外の有形固定資産は、時の経過や使用により価値が減少し、やがて使用できなくなる。有形固定資産の価値の減少は、それを使用する各会計期間において費用として認識する必要がある。

　固定資産の価値の減少に対応する取得原価を一定の方法で計算し、決算の際に各会計期間に費用として計上するとともに、その額だけ固定資産の帳簿価額を減少させる手続きを減価償却という。そして、この手続きにより計上される費用が減価償却費である。

(4) 減価償却費の計算方法

　減価償却費の計算方法には定額法や定率法等があるが、初学者の学習では定額法の十分な理解が必要である。定額法による減価償却費は、次の算式により計算される。

$$減価償却費＝\frac{取得原価－残存価額}{耐用年数}$$

　この場合の**残存価額**とは、固定資産の耐用年数終了時の見積処分価額であり、税法では取得原価の10％とされている。また、**耐用年数**とは、固定資産の使用可能な見積年数である。

(5) 減価償却費の記帳方法

　減価償却費の記帳方法には、直接法と間接法という2つの方法がある。

① **直接法**とは、減価償却額を減価償却費勘定の借方に記入し、同額を固定資産勘定の貸方に記入して、減価償却額を固定資産の価額から直接的に減額する方法である。

　　したがって、この方法では有形固定資産勘定の残高が帳簿価額になる。たとえば、備品について直接法で減価償却費を計上する仕訳は、次のようになる。

減価償却費	×××	備　　　品	×××

② **間接法**とは、減価償却額を減価償却費勘定の借方に記入するとともに、減価償却累計額勘定の貸方に記入して、固定資産勘定から減価償却額を間接的に控除する方法で

ある。したがって、取得原価から減価償却累計額を控除した額が帳簿価額になる。

　たとえば、備品について、間接法により減価償却費を計上する仕訳は、次のようになる。

| 減価償却費　×××　　　　減価償却累計額　××× |

(6) 有形固定資産の売却

　有形固定資産を売却した場合には、売却額と有形固定資産の帳簿価額との差額を、固定資産売却益勘定または固定資産売却損勘定で処理する。なお、固定資産売却損益は、次のように計算する。

　　売却額－帳簿価額＝固定資産売却益(マイナスの場合は固定資産売却損)

　　帳簿価額＝取得原価－減価償却累計額

【例題】　次の取引を仕訳しなさい。

(1) 事務所用の建物を購入し、代金￥8,000,000と仲介手数料￥240,000を小切手を振り出して支払った。

　　　建　　　　物　8,240,000　　　　　当　座　預　金　8,240,000

(2) 決算に際して、備品の減価償却費￥81,000を直接法で計上した。

　　　減　価　償　却　費　81,000　　　　備　　　　品　81,000

(3)上記の備品の減価償却費を、間接法で計上した。

　　　減　価　償　却　費　81,000　　　　減価償却累計額　81,000

(4) 取得原価￥1,000,000、減価償却累計額￥720,000の備品を￥300,000で売却し、代金は月末に受け取ることにした。

　　　未　　収　　金　300,000　　　　備　　　　品　1,000,000
　　　減価償却累計額　720,000　　　　固定資産売却益　20,000

【解説】

(1) 取得原価には、購入代価以外に付随費用も含まれる点に注意する。

(2) 直接法の場合には、減価償却額を固定資産勘定から直接的に減額する。

(3) 間接法の場合には、減価償却額を減価償却累計額勘定に記入することにより、固定資産の勘定から間接的に控除する。

(4) 取得原価－減価償却累計額＝帳簿価額　　∴　￥1,000,000－￥720,000＝￥280,000
　　売却額－帳簿価額＝固定資産売却益　　　∴　￥　300,000－￥280,000＝￥　20,000

| 問題1 | 次の取引を仕訳しなさい。

(1) 事務用金庫￥600,000を購入し、代金は小切手を振り出して支払った。なお、引取運賃￥10,000は現金で支払った。

(2) 営業用の土地を￥7,000,000で購入し、仲介手数料￥150,000、整地費用￥300,000と

共に小切手を振り出して支払った。なお、登記費用￥87,000は現金で支払った。

(3) 営業用の自動車1台を￥1,200,000で購入し、代金のうち￥700,000は小切手を振り出して支払い、残額は月末に支払うことにした。

問題2 決算に際して、取得原価￥5,000,000、残存価額は取得原価の10％、耐用年数10年の建物について、減価償却費を定額法で直接法により記帳した。決算に必要な仕訳を示し、また下記の勘定口座に転記しなさい。ただし、会計期間は1年で決算日は12月31日である。

建　　物

1/1	5,000,000	

減 価 償 却 費

問題3 上記(問題2)の減価償却費を間接法で記帳した場合の仕訳を示し、また下記の勘定口座に転記しなさい。

建　　物

1/1	5,000,000	

減価償却累計額

減 価 償 却 費

問題 4　次の取引を仕訳しなさい。

(1) 備品¥300,000を購入し、代金は引取運賃¥10,000とともに小切手を振り出して支払った。

(2) 営業用の自動車1台を¥1,700,000で購入し、代金のうち¥700,000は小切手を振り出して支払い、残額は来月から毎月末に¥200,000ずつ分割で支払うことにした。

(3) 土地 500㎡を1㎡あたり¥50,000で購入し、代金は整地費用¥650,000、登記費用¥120,000とともに小切手を振り出して支払った。

(4) 帳簿価額¥252,000の備品が不用になったので¥230,000で売却し、代金は現金で受け取った。なお、減価償却費は直接法にて記帳されていた。

(5) 取得原価¥3,000,000、減価償却累計額¥1,350,000の建物を、¥1,500,000で取引先に売却し、代金は先方振り出しの小切手で受け取った。

(6) 取得原価¥500,000、既償却額¥270,000の備品を¥260,000で売却し、代金は現金で受け取った。ただし、この備品の減価償却は間接法で処理されている。

第18章　有価証券

┌─ 学習の要点 ─

(1) 有価証券とは…？

　国債・地方債・社債および株式などを有価証券という。一時的に所有する目的で、い
つでも売却可能な有価証券を購入したときは、**売買目的有価証券勘定**で処理する。

(2) 有価証券の購入

　有価証券を一時的に所有する目的で購入した時には、売買目的有価証券勘定の借方に
取得原価で記入する。取得原価には、購入代価に買入手数料などの**付随費用**を含める。

　　　　取得原価＝購入代価＋**付随費用**（買入手数料など）

　また、購入代価は次の算式により計算される。

　　ⓐ　株式の購入代価＝１株の購入金額×株式数

　　ⓑ　社債・公債の購入代価＝額面金額　×　$\dfrac{購入単価}{100円}$

(3) 有価証券の売却

　有価証券を売却した時には、売却した有価証券の帳簿価額で、売買目的有価証券勘定
の貸方に記入する。また、売却額と有価証券の帳簿価額との差額を、有価証券売却益勘
定または有価証券売却損勘定で処理する。有価証券売却損益は、次のように計算する。

　　　売却額＞帳簿価額　⇒　有価証券売却益（逆の場合：有価証券売却損）

(4) 有価証券の利息と配当

　所有する社債や公債について利息を受け取った時には、受取利息勘定（または有価証
券利息勘定）で処理する。また、所有する株式について配当を受け取った時には、受取
配当金勘定で処理する。

(5) 有価証券の評価

　有価証券は、期末時点での**時価**でもって評価される。時価で評価を行えば、有価証券
の帳簿価額は増額または減額されることとなるが、このことを**評価替え**という。そし
て、評価替えに伴い有価証券の帳簿価額を増額することとなった場合には、評価益が発
生し、反対に減額することとなった場合には、評価損が発生することとなる。

　次の各ケースに応じ、帳簿価額と時価の差額につき、下記のような仕訳がなされる。

　　① 時価の方が帳簿価額よりも高い（評価益が出る）ケース

　　　　　売買目的有価証券　×××　　　有価証券評価益　×××

　　② 時価の方が帳簿価額よりも低い（評価損が出る）ケース

　　　　　有価証券評価損　×××　　　売買目的有価証券　×××

└─────

【例題】　次の取引を仕訳しなさい。

(1) 都電器株式会社の株式 30株を１株につき¥56,000で買い入れ、代金は小切手を振り
　　出して支払った。

　　　　売買目的有価証券　1,680,000　　　　当　座　預　金　1,680,000

(2) 三ヶ日物産株式会社の社債額面￥500,000を@￥97で買い入れ、買入手数料￥7,000とともに小切手を振り出して支払った。

売買目的有価証券 492,000 当 座 預 金 492,000

(3) 額面￥3,000,000の国債を@￥98で売り渡し、代金は先方振り出しの小切手で受け取った。ただし、この国債の帳簿価額は@￥96である。

現 金 2,940,000 売買目的有価証券 2,880,000

有価証券売却益 60,000

(4) 決算の際に、所有する株式1,000株(帳簿価額@￥1,600)を@￥1,400に評価替えした。

有価証券評価損 200,000 売買目的有価証券 200,000

【解説】

(1) 取得原価＝@￥56,000×30株＝￥1,680,000

(2) 取得原価には、購入代価以外に付随費用も含まれる。

$$取得原価＝￥500,000 \times \frac{97}{100} ＋￥7,000＝￥492,000$$

(3) 売却額(￥2,940,000)－帳簿価額(￥2,880,000)＝有価証券売却益(￥60,000)

∴ 帳簿価額より高く売却したので有価証券売却益が生じる。

(4) 帳簿価額と時価の差額につき、この場合は評価損が発生しているので、有価証券評価損勘定の借方に記入し、同時にその差額を売買目的有価証券勘定の貸方に記入する。

有価証券評価損＝(@￥1,600－@￥1,400)×1,000株＝￥200,000

■問題1 次の取引を仕訳しなさい。

(1) 国債(額面￥500,000)を@￥96で買い入れ、代金は小切手を振り出して支払った。

(2) 以前から所有している橘株式会社の社債の半年分の利息￥70,000を現金で受け取った。

(3) 都田商事株式会社の株式50株(帳簿価額@￥57,000)を1株につき￥60,000で売却し、代金は先方振り出しの小切手で受け取った。

■問題2 次の取引を仕訳しなさい。

(1) 乙株式会社の株式50株を@￥62,000で買い入れ、代金は小切手を振り出して支払った。

(2) 上記の株式20株を@¥59,000で売却し、代金は先方振り出しの小切手で受け取った。

(3) 以前から所有している甲株式会社(1年決算)の株式120株について、1株あたり500円の配当を現金で受け取った。

問題3 次の取引を仕訳しなさい。

(1) 額面¥5,000,000の国債を@¥97で売り渡し、代金は先方振り出しの小切手で受け取った。ただし、この国債の帳簿価額は、@¥95である。

(2) 駿河精機㈱の社債(額面¥1,000,000)を@¥96で買い入れ、買い入れ手数料¥12,000とともに小切手を振り出して支払った。

(3) 以前に1株につき¥900で購入した甲南商事㈱の株式2,000株のうち、1,000株を1株につき¥870で売却し、代金は先方振り出しの小切手で受け取った。

(4) 決算の際に、所有する株式500株(帳簿価額@¥1,800)を、1株につき@¥2,500に評価替えした。

第19章　貸倒れと貸倒引当金

----- 学習の要点 -----

(1)「貸倒れ」とは…？

売掛金などの債権が、得意先の倒産等により回収できなくなることを貸倒れという。当期中に発生した売掛金が当期中に貸倒れになった場合には、その金額を貸倒損失勘定の借方に記入し、同時に売掛金勘定の貸方に記入して売掛金を減額する。すなわち、次の仕訳を行う。

貸 倒 損 失 ×××	売 掛 金 ×××

<注> 貸倒損失勘定の代わりに、貸倒償却勘定を使用することもある。

(2) 貸倒引当金

期末の売掛金の中には、次期以降に貸倒れになると予想されるものが含まれている。そこで、決算の際に次期以降に貸倒れになると予想される額を見積り、その見積額を貸倒引当損勘定の借方と貸倒引当金勘定の貸方に記入する。すなわち、次の仕訳を行う。

貸 倒 引 当 損 ×××	貸 倒 引 当 金 ×××

<注> 貸倒引当損勘定の代わりに、貸倒引当金繰入勘定を使用することもある。

また、確実に回収可能な売掛金の現在高は、売掛金残高から貸倒引当金残高を控除した額である。貸倒引当金勘定は、売掛金の現在高を評価する役割を果たすことから評価勘定とも呼ばれる。

(3) 貸倒れの確定

当期の決算において貸倒引当金を設定し、次期に貸倒れが発生した場合には次のように処理する。すなわち、

(a) 貸倒額が貸倒引当金残高より少ない場合

貸 倒 引 当 金 ×××	売 掛 金 ×××

(b) 貸倒額が貸倒引当金残高を超過する場合

貸 倒 引 当 金 ×××	売 掛 金 ×××
貸 倒 損 失 ×××	

<注> 貸倒損失勘定の代わりに、貸倒償却勘定を使用することもある。

［総括］　要するに、"貸倒償却勘定"は、貸倒引当損（貸倒引当金繰入）勘定と貸倒損失勘定の両者を包含した勘定内容である。　既に、本文記述でも理解されるように、両者は異なった会計局面で利用されるものである限り、貸倒償却勘定を使用することは慎んだ方が賢明である。

(4) 貸倒引当金の設定方法

貸倒引当金の設定方法には、差額補充法と洗替法がある。日商３級の学習では、差額補充法の十分な理解が必要である。差額補充法は、期末の貸倒見積額と貸倒引当金の期末残高の差額を計上する方法である。すなわち、その差額について次の仕訳を行う。

貸 倒 引 当 損 ×××	貸 倒 引 当 金 ×××

なお、貸倒引当金の期末残高が貸倒見積額より多い場合には、次の仕訳を行う。

貸 倒 引 当 金 ×××	貸倒引当金戻入 ×××

出題頻度は稀有

(5) 償却債権取立益

貸倒れとして処理した売掛金が、次期以降に回収されることがある。この場合には、償却債権取立益勘定の貸方に記入する。例えば、前期に貸倒れとして処理した売掛金の一部が現金で回収された場合には、次の仕訳を行う。

|現　　　　　金|×××|償却債権取立益|×××|

【例題】　次の取引を仕訳しなさい。

(1) 得意先の神奈川商店が倒産し、同店に当期に掛で販売した代金¥150,000が回収不能になったので、貸倒れとして処理した。

|貸　倒　損　失|150,000|売　　掛　　金|150,000|

(2) 得意先の赤坂商店が倒産したので、同店に対する売掛金¥80,000が貸倒れになった。ただし、貸倒引当金の残高は¥100,000である。

|貸　倒　引　当　金|80,000|売　　掛　　金|80,000|

(3) 得意先の新橋商店が倒産したため、同店に対する売掛金¥90,000が貸倒れになった。ただし、貸倒引当金の残高は¥75,000である。

|貸　倒　引　当　金|75,000|売　　掛　　金|90,000|
|貸　倒　損　失|15,000| | |

(4) 決算に際して、売掛金の期末残高¥400,000に対して3%の貸倒れを見積った。ただし、貸倒引当金の期末残高は¥3,000である。なお、当社では貸倒引当金の設定は差額補充法を採用している。

|貸　倒　引　当　損|9,000|貸　倒　引　当　金|9,000|

(5) 前期に貸倒れとして処理した羽衣商店に対する売掛金¥600,000のうち、¥200,000を現金で回収した。

|現　　　　　金|200,000|償却債権取立益|200,000|

【解説】

(1) 貸倒損失勘定の代わりに、貸倒償却勘定で処理することもある。

(2) 貸倒額が貸倒引当金残高よりも少ないので、当然それを補填することは可能である。したがって、貸倒額を貸倒引当金勘定の借方と売掛金勘定の貸方に記入する。

(3) 貸倒額が貸倒引当金残高を超過しているので、その部分は貸倒引当金では補填できない。したがって、その超過額は貸倒損失勘定として処理されることとなる。

(4) ¥400,000×0.03＝ ¥12,000 …… 当期貸倒見積設定額

　　　　　　　　　　 3,000 …… 貸倒引当金期末残高

　　差引　　 ¥ 9,000 …… 貸倒引当金計上額

(5) 貸倒れとして処理しておいた売掛金が、後日に回収された場合には、償却債権取立益勘定の貸方に記入する。

問題1　次の取引を仕訳しなさい。

(1) 得意先である三ヶ日商店が倒産し、同店に当期に掛で販売した代金¥230,000が回収不能になったので、貸倒れとして処理した。

(2) 前期に貸倒れとして処理した京王商店に対する売掛金¥800,000のうち、¥300,000を現金で回収した。

次の取引を仕訳しなさい。

(1) 得意先である飛騨商店㈲が倒産したため、同店に対する売掛金¥70,000が貸倒れになった。ただし、貸倒引当金の残高は¥60,000である。

(2) 得意先である桐生商店㈱が倒産したため、同店に対する売掛金¥150,000が貸倒れになった。ただし、貸倒引当金の残高は¥200,000である。

次の取引を仕訳しなさい。

(1) 得意先である中野商事㈱が倒産したため、同店に対する売掛金¥160,000が貸倒れになった。ただし、貸倒引当金残高が¥170,000ある。

(2) 決算に際して、売掛金の期末残高¥300,000に対して3%の貸倒れを見積った。なお、貸倒引当金の残高が¥7,600ある。ただし、貸倒引当金の処理方法は差額補充法を採用している。

(3) 得意先である群馬商店㈲が倒産したため、同店に対する売掛金¥220,000が貸倒れになった。ただし、貸倒引当金残高が¥180,000ある。

第２０章　資本金と引出金

(1) 資本金勘定

　純資産とは、資産総額から負債総額を差し引いた額である。個人企業の場合には、この純資産の増減を資本金勘定で処理する。すなわち、開業時の出資額（元入額）、開業後の営業拡張等のための追加出資額（追加元入額）を資本金勘定の貸方に記入する。また、当期純利益は純資産の増加を意味するので、資本金勘定の貸方に記入する。

　これに対して、事業主が現金・商品などを私用のために引き出した場合には、その引出額を資本金勘定の借方に記入する。また、当期純損失は純資産の減少を意味するので、資本金勘定の借方に記入する。

　当期純利益（A）と当期純損失（B）が生じた各ケースの資本金勘定は、以下の通りである。この（網掛け）部分が、損益勘定からの振替仕訳による記入結果となる。

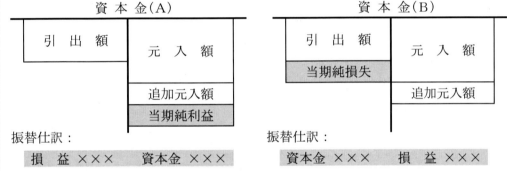

振替仕訳：
　　損　益　×××　　資本金　×××

振替仕訳：
　　資本金　×××　　損　益　×××

(2) 引出金勘定

　事業主が現金・商品などを私用のために引き出した場合の原則的な処理は、前述のように資本金勘定の借方に記入する方法である。しかし、会計期間中に事業主が引き出しを頻繁に行う場合には、その都度、それを資本金勘定に記入すると、資本金勘定が煩雑になる。そこで、このような場合には、**引出金勘定**を設けて処理することになる。

　すなわち、引出額を引出金勘定の借方に記入し、決算の際に、引出金勘定の借方残高を資本金勘定の借方に振り替える。例えば、事業主が期中に現金を私用のために引き出した場合には、次のように仕訳する。

　　　　引出金　×××　　　　　現　金　×××

　また、決算に際して、引出金勘定の借方残高を資本金勘定に振り替える仕訳は、次のとおりである。したがって、引出金勘定は資本金勘定の評価勘定の性質を有する。

　　　　資本金　×××　　　　　引出金　×××

【例題】　次の取引を仕訳しなさい。

　(1) 事業主・永田太郎は私用のため、現金￥250,000を引き出した。なお、永田商店では引出金勘定で処理している。

　　　　引　出　金　250,000　　　　　　　現　　　金　250,000

(2) 事業拡張のため、事業主が現金￥800,000を追加出資した。

現　　　金　800,000　　　　　　　　資　本　金　800,000

(3) 決算に際して、引出金勘定の残高￥350,000を資本金勘定に振り替えた。

資　本　金　350,000　　　　　　　　引　出　金　350,000

【解説】

(1) 事業主の私用のための引出額は、引出金勘定の借方で処理する。

(2) 追加出資額は、資本金の増加を意味するものであり、資本金勘定の貸方記入となる。

(3) 決算時に、引出金勘定の借方残高を資本金勘定の借方に振り替える。

問題1　　次の取引を仕訳しなさい。

(1) 事業拡張のため、事業主が現金￥1,000,000を追加出資した。

(2) 決算の際に、当期純利益￥250,000を資本金勘定に振り替えた。

(3) 決算の際に、当期純損失￥300,000を資本金勘定に振り替えた。

問題2　　次の取引を仕訳しなさい。ただし、引出金勘定を用いて処理すること。なお、商品売買は3分法によって記帳されている。

(1) 事業主が私用のため、商品￥30,000(原価￥25,000)を引き出した。

(2) 事業主が家計費として、現金￥50,000を引き出した。

(3) 光熱費￥30,000を現金で支払った。ただし、そのうち￥10,000は事業主の家庭用の分である。

問題3　次の取引を仕訳しなさい。ただし、引出金勘定で処理すること。

(1) 事業主の生命保険料￥350,000を、小切手を振り出して支払った。

(2) 決算に際して、引出金勘定の借方残高￥250,000と当期純利益￥800,000を、資本金
勘定に振り替えた。

問題4　次の取引の仕訳を示しなさい。

(1) 得意先荒井商事(株)から売掛金￥450,000を小切手で回収した際に、貸方科目を売上
と誤って仕訳し転記したので、これを訂正した。

(2) 多摩川商店に商品￥200,000を掛で販売したさいに、借方科目と貸方科目を誤って
反対に仕訳し転記していたので、これを訂正した。

(3) 矢作商店から商品￥700,000を仕入れ、その代金を小切手で支払った際に、貸方科目
を買掛金と誤って仕訳し転記していたので、これを訂正した。

(4) 仕入先稲田商店㈱に対して、同店を受取人、得意先である菊川商店㈲を名宛人とす
る為替手形￥300,000を、菊川商店の引受けを得て交付した際に、借方科目と貸方科目
を誤って反対に仕訳し転記していたので、これを訂正した。

第21章　費用・収益の繰延と見越

費用および収益は、一般に現金収支により記録される。しかし、現金収支により把握された費用・収益が、当期の費用・収益の発生額を適正に表示していない場合がある。すなわち、現金収支により処理された費用および収益の金額の中には、次期以降の会計期間に属する額が含まれていることがある。また、現金収支の事実がないため記録されていないが、当期の費用や収益が発生していることがある。

このため決算の際に、費用・収益の勘定残高を**適正な発生額**に修正する必要がある。このような費用・収益の修正の手続きが、**費用・収益の繰延と見越**である。一定の契約にしたがって、継続して役務の提供を行う場合、または継続して役務の提供を受ける場合等に、この費用・収益の繰延と見越の手続きが必要になる。

(1) 費用の繰延（前払費用）

当期において既に支払った費用のうち、次期以降に帰属する部分がある場合には、これを費用の勘定から差し引くとともに、**前払費用（資産）**として次期に繰延べる。これを費用の繰延という。例えば、決算に際して、保険料の前払分を次期に繰延べる仕訳は、次の通りである。

前払保険料 ×××	支払保険料 ×××

前払費用は、次期以降に費用となるので、次期の最初の日付で再び費用の勘定に振替える（すなわち、繰延時の「反対」仕訳となる）。これを**再振替仕訳**という。たとえば、前払保険料の再振替仕訳は次の通りである。

支払保険料 ×××	前払保険料 ×××

(2) 収益の繰延（前受収益）

当期において既に収益として受け取った額のうち、次期以降に属する部分がある場合には、その額を収益の勘定から差し引くとともに、**前受収益（負債）**として次期に繰延べる。これを収益の繰延という。例えば、決算に際して、利息の前受分を次期に繰延べる仕訳は次の通りである。

受取利息 ×××	前受利息 ×××

前受収益は、次期以降に収益となるので、次期の最初の日付で再び収益の勘定に振替える（＝**再振替仕訳**）。

前受利息 ×××	受取利息 ×××

(3) 費用の見越（未払費用）

当期において未だ支払いが行われていない時でも、当期の費用として発生している分がある場合には、その額を当期の費用として計上するとともに、**未払費用（負債）**として次期に繰越す。これを費用の見越という。例えば、決算に際して、家賃の未払分を計上する仕訳は次のとおりである。

支払家賃 ×××	未払家賃 ×××

また、未払費用についても同様に、次期の最初の日付で**再振替仕訳**を行う。

未払家賃 ×××	支払家賃 ×××

(4) 収益の見越（未収収益）

当期において未だ受け取っていない時でも、当期分の収益として発生している分がある場合には、その額を当期の収益として計上するとともに、**未収収益（資産）**として次期

に繰越す。これを収益の見越という。例えば、決算に際して、利息の未収分を計上する仕訳は次のとおりである。

| 未 収 利 息 | ××× | 受 取 利 息 | ××× |

また、未収収益についても同様に、次期の最初の日付で**再振替仕訳**を行う。

| 受 取 利 息 | ××× | 未 収 利 息 | ××× |

　以上、繰延と見越を要約化すると、次のようになる（完璧に覚えよう‼）。
日商「簿記」検定では、「精算表」作成問題の箇所で毎回必ず出題されている高頻度の領域である。とりわけ、月数按分の計算を間違えないことが肝要である。

(5) 消耗品の処理

① 購入時に"消耗品費勘定"で処理する方法
　　⇒ 消耗品を購入した時に消耗品費勘定で処理している場合には、決算に際して、消耗品の未使用高を消耗品費勘定から差し引き、**消耗品(資産)**として次期に繰越す方法。

② 購入時に"消耗品勘定"で処理する方法
　　⇒ 消耗品を購入した時に、消耗品勘定で処理している場合には、決算に際して、当期の使用高を消耗品勘定から**消耗品費(費用)勘定**に振替える方法。

【例題1】　次の取引を仕訳しなさい。

　　6月 1日　成瀬電器㈲では、火災保険契約を締結し、1年分の火災保険料¥240,000を小切手を振り出して支払った。

　　　　　　　　支払保険料　240,000　　　　　当 座 預 金　240,000

　　9月30日　決算に際して、保険料の前払分を次期に繰延べた。

　　　　　　　　前払保険料　160,000　　　　　支払保険料　160,000

　　10月 1日　前払保険料を再振替した。

　　　　　　　　支払保険料　160,000　　　　　前払保険料　160,000

【解説】

　(1)　6月 1日：省略

　(2)　9月30日：火災保険契約によるサービス給付を受けたのは、6月1日〜9月30日迄の経過期間すなわち4ヶ月分だけである。よって、8ヶ月分は、ある意味では余分に払い過ぎた費用でもあるので、次期に相当する費用額を控除する（＝費用の繰延）。

$$¥240,000 \times \frac{8(未経過数)}{12(契約月数)} = ¥160,000 \cdots\cdots 前払相当額$$

　(3)　10月 1日：再振替仕訳であるから、9月30日と反対の仕訳となる。

【例題2】 次の決算整理事項に基づいて、精算表（一部）作成に必要な記入を示しなさい。
　　　ただし、会計期間は1年で決算日は12月31日である。
　　　(1) 支払保険料¥24,000は6月1日から1年分の火災保険料の支払額である。
　　　(2) 受取家賃¥72,000は4月1日からの1年分の家賃の受取額である。
　　　(3) 期末の消耗品棚卸高は¥3,000である。

精　算　表

勘定科目	残高試算表		整理記入		損益計算書		貸借対照表	
	借　方	貸　方	借　方	貸　方	借　方	貸　方	借　方	貸　方
：								
受 取 家 賃		72,000						
支 払 保 険 料	24,000							
消 耗 品 費	9,000							
：								
（　　　）保険料								
（　　　）家　賃								
（　　　　　　）								

【解答】

精　算　表

勘定科目	残高試算表		整理記入		損益計算書		貸借対照表	
	借　方	貸　方	借　方	貸　方	借　方	貸　方	借　方	貸　方
：								
受 取 家 賃		72,000	18,000			54,000		
支 払 保 険 料	24,000			10,000	14,000			
消 耗 品 費	9,000			3,000	6,000			
：								
（前 払）保険料			10,000				10,000	
（前 受）家　賃				18,000				18,000
（消 耗 品）			3,000				3,000	

【解説】

(1) 1年分の保険料のうち、7ヶ月分は当期分である。したがって、5ヶ月分が前払費用として繰延べられることとなる。

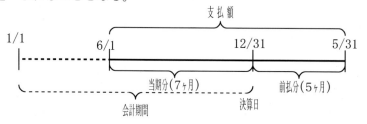

$$∴\quad ¥24,000×5/12=¥10,000 \cdots\cdots 前払分$$

(2) 1年分の受取家賃のうち、9ヶ月分は当期分に該当するものである。したがって、3ヶ月分が前受収益として次期に繰延べられることとなる。

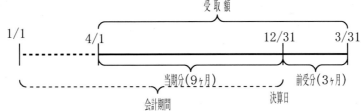

$$∴\quad ¥72,000×3/12=¥18,000 \cdots\cdots 前受分$$

(3) 購入時に費用で処理しているので、未使用高を消耗品費勘定から差し引き、消耗品（資産）として次期に繰越すこととなる。

【例題3】 次の決算整理事項に基づいて、精算表（一部）作成に必要な記入を示しなさい。ただし、会計期間は1年で決算日は12月31日である。

  (1) 残高試算表の受取家賃の金額は11ヶ月分であり、1ヶ月が未収である。

  (2) 借入金¥60,000の利息は、年利10％で、元金を返済する時に支払う契約となっている。しかし、借入期間1年のうち、決算日までに既に2ヶ月が経過している。

  (3) 消耗品の未使用高は、¥2,000である。

精 算 表

勘定科目	残高試算表 借方	残高試算表 貸方	整理記入 借方	整理記入 貸方	損益計算書 借方	損益計算書 貸方	貸借対照表 借方	貸借対照表 貸方
：								
消 耗 品	8,000							
借 入 金		60,000						
受 取 家 賃		55,000						
：								
（　　）家賃								
（　　）利息								
（　　）利息								
（　　　　）								

【解答】

精 算 表

勘定科目	残高試算表 借方	残高試算表 貸方	整理記入 借方	整理記入 貸方	損益計算書 借方	損益計算書 貸方	貸借対照表 借方	貸借対照表 貸方
：								
消 耗 品	8,000			6,000			2,000	
借 入 金		60,000						60,000

- 103 -

受 取 家 賃		55,000		5,000		60,000		
:								
（未 収）家 賃				5,000				5,000
（支 払）利 息				1,000		1,000		
（未 払）利 息						1,000		1,000
（消 耗 品 費）				6,000		6,000		

【解説】

(1) 未収分を当期の収益として計上し、同時に未収家賃(資産)として次期に繰越すのである。すなわち、

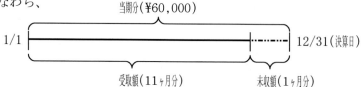

∴　　￥60,000×1/12＝￥5,000 ……… 未収分

(2) 利息は時間の経過によって発生する費用である。したがって、未払額(2ヶ月分)を費用として計上し、同時に未払利息(負債)として次期に繰越すのである。

∴　　￥60,000×10%×2/12＝￥1,000 ……… 未払分

(3) 当期の使用分だけを、消耗品勘定から消耗品費勘定に振替える。

∴　　￥8,000－￥2,000＝￥6,000 ……… 当期使用高

問題1　次の取引を仕訳を示しなさい。また併せて、下掲の勘定口座に転記しなさい。

3月31日　決算に際して、家賃の未払分￥60,000を計上した。

3月31日　支払家賃勘定を損益勘定に振替えた。

4月 1日　未払家賃を再振替した。

支払家賃

660,000

未払家賃

問題2　次の取引を仕訳を示しなさい。また併せて、下掲の勘定口座に転記しなさい。

10月 1日　1年分の家賃￥360,000を現金で受け取った。

12月31日　決算に際して、家賃の前受分を次期に繰延べた。

12月31日　受取家賃勘定を損益勘定に振替えた。

1月 1日　前受家賃を再振替した。

受取家賃	前受家賃

問題3　次の取引を仕訳を示しなさい。

(1) 決算に際して、家賃の未払分￥120,000を計上した。

(2) 決算に際して、利息の未収分￥5,000を計上した。

(3) 決算に際して、保険料の前払分￥10,000を計上した。

(4) 決算に際して、地代の前受分￥60,000を計上した。

(5) 決算に際して、事務用消耗品の未使用高￥80,000であった。ただし、この事務用消

耗品は購入時に費用で処理していた。

問題4 下記の決算整理事項に基づいて、精算表（一部）作成に必要な記入を示しなさい。
ただし、会計期間は1年で決算日は12月31日である。
　（1）支払保険料￥36,000は、4月1日からの1年分の火災保険料の支払額である。
　（2）受取家賃￥60,000は、6月1日からの1年分の家賃の受取額である。
　（3）消耗品の未使用高は、￥8,000であった。

精　算　表

勘 定 科 目	残高試算表		整理記入		損益計算書		貸借対照表	
	借　方	貸　方	借　方	貸　方	借　方	貸　方	借　方	貸　方
：								
受 取 家 賃		60,000						
支 払 保 険 料	36,000							
消 耗 品 費	15,000							
：								
（　　　）保険料								
（　　　）家　賃								
（　　　　　　）								

問題5 下記の決算整理事項に基づいて、精算表（一部）作成に必要な記入を示しなさい。
ただし、会計期間は1年で決算日は12月31日である。
　（1）残高試算表の支払家賃の金額は11ヶ月分であり、1ヶ月が未払いである。
　（2）受取手数料について、未収分が￥9,000ある。
　（3）消耗品の未使用高は、￥2,000であった。

精　算　表

勘 定 科 目	残高試算表		整理記入		損益計算書		貸借対照表	
	借　方	貸　方	借　方	貸　方	借　方	貸　方	借　方	貸　方
：								
消 耗 品	5,000							
受 取 手 数 料		50,000						
支 払 家 賃	44,000							
：								
（　　）家　賃								
（　　）手数料								
（　　　　　）								

第22章 試算表（2）

【例題1】 次の試算表（A）と諸取引（B）にもとづいて、月末の合計残高試算表と売掛金および買掛金の明細表を作成しなさい。なお、売上と仕入はすべて掛で行っている。

（日商「簿記」第70回一部修正）

（A）令和元年3月26日現在の合計試算表

	借　方	貸　方
小 口 現 金	￥　　10,000	
当 座 預 金	2,286,000	￥　1,622,000
受 取 手 形	1,500,000	1,150,000
売 掛 金	3,030,000	2,380,000
繰 越 商 品	220,000	
貸 付 金	200,000	
備 品	100,000	
支 払 手 形	700,000	850,000
買 掛 金	1,760,000	2,080,000
借 入 金		500,000
貸 倒 引 当 金		20,000
減価償却累計額		45,000
資 本 金		1,000,000
売 上		2,560,000
受 取 利 息		10,000
仕 入	1,640,000	135,000

給 料	630,000		
支 払 家 賃	240,000		
雑 費	26,000		
支 払 利 息	10,000		
	¥ 12,352,000	¥ 12,352,000	

（B）令和元年3月27日から31日までの取引

3月27日　ア　売上：北海商店　¥60,000　　東海商店　¥80,000

　　　　　イ　東北商店の買掛金のうち¥50,000の支払いのため、東海商店振出、当店宛の約束手形を裏書譲渡した。

　　　　　ウ　今月分の給料¥186,000の支払いのため、小切手を振り出して現金を引き出し、直ちに支払いにあてた。

　　28日　ア　仕入：東北商店　¥80,000　　関東商店　¥40,000

　　　　　イ　北海商店から売掛金代金¥150,000が当座預金口座に振り込まれた。

　　　　　ウ　中国商店の買掛金のうち¥100,000の支払いのため、同店宛ての約束手形を振り出した。

　　29日　ア　売上：北海商店　¥100,000　　東海商店　¥ 70,000

　　　　　イ　仕入：関東商店　¥ 80,000　　中国商店　¥120,000

　　　　　ウ　東北商店の買掛金のうち¥60,000を小切手を振り出して支払った。

　　　　　エ　中国商店の買掛金のうち¥30,000の支払いのため、北海商店宛ての為替手形を振り出した。

　　30日　ア　売上：北海商店　¥50,000

　　　　　イ　前日関東商店から仕入れた商品のうち¥20,000は不良品のため返品し、代金は買掛金と相殺する。

　　　　　ウ　今月分の家賃¥30,000を小切手を振り出して支払った。

　　　　　エ　貸付金のうち¥100,000 を利息¥8,000とともに現金で回収し、直ちに当座預金に預け入れた。

　　　　　オ　東海商店振出、当店宛ての約束手形¥100,000を銀行に売却し、その手取金¥99,000を当座預金とした。

　　31日　ア　売上：東海商店　¥50,000

　　　　　イ　南海商店の倒産により、同店に対する売掛金を全額貸倒として処理する。

　　　　　ウ　小口現金係から今月の小口現金の支払の内訳は、雑費¥9,000であった旨が報告されたので、直ちに同額の小切手を振り出して補給した。

　　　　　エ　備品の一部（取得原価¥40,000　減価償却累計額¥15,000）を¥10,000で売却し、代金は現金で回収し、直ちに当座預金に預け入れた。

　　　　　オ　東海商店の売掛金のうち¥80,000を同店振出、当店宛ての約束手形で回収した。

合 計 残 高 試 算 表
令和元年3月31日

借方残高	借方合計	勘 定 科 目	貸方合計	貸方残高
		小 口 現 金		
		当 座 預 金		
		受 取 手 形		
		売 掛 金		
		繰 越 商 品		
		貸 付 金		
		備 品		
		支 払 手 形		
		買 掛 金		
		借 入 金		
		貸 倒 引 当 金		
		減 価 償 却 累 計 額		
		資 本 金		
		売 上		
		受 取 利 息		
		仕 入		
		給 料		
		支 払 家 賃		
		雑 費		
		支 払 利 息		
		( )		
		( )		

売掛金明細表

	3月26日	3月31日
北海商店	¥ 340,000	¥
東海商店	295,000	
南海商店	15,000	
	¥ 650,000	¥

買掛金明細表

	3月26日	3月31日
東北商店	¥ 100,000	¥
関東商店	80,000	
中国商店	140,000	
	¥ 320,000	¥

【解答】

合 計 残 高 試 算 表

令和元年3月31日

借方残高	借方合計	勘 定 科 目	貸方合計	貸方残高
10,000	10,000	小 口 現 金		
746,000	2,653,000	当 座 預 金	1,907,000	
280,000	1,580,000	受 取 手 形	1,300,000	
785,000	3,440,000	売 掛 金	2,655,000	
220,000	220,000	繰 越 商 品		
100,000	200,000	貸 付 金	100,000	
60,000	100,000	備 品	40,000	
	700,000	支 払 手 形	950,000	250,000
	2,020,000	買 掛 金	2,400,000	380,000
		借 入 金	500,000	500,000
	15,000	貸 倒 引 当 金	20,000	5,000
	15,000	減価償却累計額	45,000	30,000
		資 本 金	1,000,000	1,000,000
		売 上	2,970,000	2,970,000
		受 取 利 息	18,000	18,000
1,805,000	1,960,000	仕 入	155,000	
816,000	816,000	給 料		
270,000	270,000	支 払 家 賃		
35,000	35,000	雑 費		
10,000	10,000	支 払 利 息		
1,000	1,000	(手 形 売 却 損)		
15,000	15,000	(固定資産売却損)		
5,153,000	14,060,000		14,060,000	5,153,000

	売掛金明細表			買掛金明細表	
	3月26日	3月31日		3月26日	3月31日
北海商店	¥ 340,000	¥ 370,000	東北商店	¥ 100,000	¥ 70,000
東海商店	295,000	415,000	関東商店	80,000	180,000
南海商店	15,000	0	中国商店	140,000	130,000
	¥ 650,000	¥ 785,000		¥ 320,000	380,000

【解説】 この例題の解き方については、学習の要点(2)に即して解答することが肝要である。
　すなわち、諸取引（B）の仕訳（3/27～/31）を計算用紙に間違いなく行い、その仕訳結果

を確実に総勘定元帳（Ｔ字形）に転記する、という一連の作業を怠りなく実施できるか否かである。常日頃より、コツコツと着実に積み上げる努力が最も大切です。大いに頑張りましょう…‼

　なお、仕訳とＴ勘定への記入結果を示せば、以下の通りである。

27日	ア	売　掛　金（北海商店）	60,000	売　　　　上	140,000
		売　掛　金（東海商店）	80,000		
	イ	買　掛　金（東北商店）	50,000	受　取　手　形	50,000
	ウ	給　　　料	186,000	当　座　預　金	186,000

28日	ア	仕　　　入	120,000	買　掛　金（東北商店）	80,000
				買　掛　金（関東商店）	40,000
	イ	当　座　預　金	150,000	売　掛　金（北海商店）	150,000
	ウ	買　掛　金（中国商店）	100,000	支　払　手　形	100,000

29日	ア	売　掛　金（北海商店）	100,000	売　　　　上	170,000
		売　掛　金（東海商店）	70,000		
	イ	仕　　　入	200,000	買　掛　金（関東商店）	80,000
				買　掛　金（中国商店）	120,000
	ウ	買　掛　金（東北商店）	60,000	当　座　預　金	60,000
	エ	買　掛　金（中国商店）	30,000	売　掛　金（北海商店）	30,000

30日	ア	売　掛　金（北海商店）	50,000	売　　　　上	50,000
	イ	買　掛　金（関東商店）	20,000	仕　　　入	20,000
	ウ	支　払　家　賃	30,000	当　座　預　金	30,000
	エ	当　座　預　金	108,000	貸　付　金	100,000
				受　取　利　息	8,000
	オ	当　座　預　金	99,000	受　取　手　形	100,000
		手　形　売　却　損	1,000		

31日	ア	売　掛　金（東海商店）	50,000	売　　　　上	50,000
	イ	貸　倒　引　当　金	15,000	売　掛　金（南海商店）	15,000
	ウ	雑　　　費	9,000	当　座　預　金	9,000
	エ	減価償却累計額	15,000	備　　　品	40,000
		当　座　預　金	10,000		
		固定資産売却損	15,000		
	オ	受　取　手　形	80,000	売　掛　金（東海商店）	80,000

小　口　現　金			
3/26	10,000		

当　座　預　金			
3/26	2,286,000	3/26	1,622,000
28	150,000	27	186,000
30	108,000	29	60,000
	99,000	30	30,000
31	10,000	31	9,000

受　取　手　形			
3/26	1,500,000	3/26	1,150,000
31	80,000	27	50,000
		30	100,000

売　掛　金			
3/26	3,030,000	3/26	2,380,000
27	140,000	28	150,000
29	170,000	29	30,000
30	50,000	31	15,000
31	50,000		80,000

商　　　品			
3/26	220,000		

貸　付　金			
3/26	200,000	3/30	100,000

備　　　品			
3/26	100,000	3/31	40,000

買　掛　金			
3/26	1,760,000	3/26	2,080,000
27	50,000	28	120,000
28	100,000	29	200,000
29	60,000		
	30,000		
30	20,000		

支　払　手　形			
3/26	700,000	3/26	850,000
		28	100,000

資　本　金			
		3/26	1,000,000

売　　　上			
		3/26	2,560,000
		27	140,000
		29	170,000
		30	50,000
		31	50,000

借　入　金			
		3/26	500,000

貸　倒　引　当　金			
3/31	15,000	3/26	20,000

受　取　利　息			
		3/26	10,000
		30	8,000

減価償却累計額			
3/31	15,000	3/26	45,000

仕　　　入			
3/26	1,640,000	3/26	135,000
28	120,000	30	20,000
29	200,000		

給　　料		支　払　家　賃	
3/26　630,000		3/26　240,000	
27　186,000		30　30,000	

雑　　費		支　払　利　息	
3/26　26,000		3/26　10,000	
31　9,000			

固定資産売却損		手　形　売　却　損	
3/31　15,000		3/30　1,000	

　売掛金明細表については、それぞれ得意先別（各商店別）に3月26日現在の残高に対して、期中取引の一部分（3月27日〜31日）により、どれだけ増減したかを確認させるものである。したがって、取引のうち各商店に該当する事項のみを、把握すれば良いのである。この作業も以下のように、基本的には"T勘定"面で処理することを推奨する。

北　海　商　店		東　海　商　店	
3/26　340,000	3/28　150,000	3/26　295,000	3/31　80,000
27　60,000	29　30,000	27　80,000	31 次期繰越　415,000
29　100,000	31 次期繰越　370,000	29　70,000	
30　50,000		31　50,000	
550,000	550,000	495,000	495,000

南　海　商　店	
3/26　15,000	3/31　15,000

　以上である。よって、統制勘定としての売掛金残高（3月31日）の785,000円は、北海商店370,000円、東海商店415,000円、そして南海商店　0円、という具合に内訳明細されるのである。これは簿記のもつ管理職能の一つである。

　買掛金明細表についても、同様にそれぞれ仕入先別（各商店別）に3月26日現在の残高に対して、期中取引の一部分（3月27日〜31日）により、どれだけ増減変化をもたらしたかを確認させるものである。その作業方法としては、T勘定に反映させる方法がベストである。

東　北　商　店		関　東　商　店	
3/27　50,000	3/26　100,000	3/30　20,000	/26　80,000
29　60,000	28　80,000	31 次期繰越　180,000	28　40,000
31 次期繰越　70,000			29　80,000
180,000	180,000	200,000	200,000

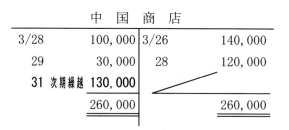

中 国 商 店

3/28	100,000	3/26	140,000
29	30,000	28	120,000
31 次期繰越	130,000		
	260,000		260,000

　以上である。よって、統制勘定としの買掛金勘定の残高の380,000円は、東北商店70,000円、関東商店180,000円、そして中国商店130,000円と内訳明細される。

問題1　次の合計試算表（A）と諸取引（B）にもとづいて、月末の合計残高試算表と売掛金および買掛金の各明細表を作成しなさい。なお、仕入と売上はすべて掛で行っている。

（日商「簿記」第75回一部修正）

（A）令和3年10月25日現在の合計試算表

合 計 試 算 表
令和3年10月25日

借　　方	勘 定 科 目	貸　　方
460,000	現　　　　　金	74,000
864,000	当 座 預 金	70,000
244,000	受 取 手 形	48,000
384,000	売　　掛　　金	216,000
144,000	繰 越 商 品	
48,000	備　　　　　品	
120,000	支 払 手 形	360,000
192,000	買　　掛　　金	438,000
	借　　入　　金	250,000
	資　　本　　金	1,000,000
	売　　　　　上	512,000
288,000	仕　　　　　入	
128,000	給　　　　　料	
84,000	支 払 家 賃	
12,000	支 払 利 息	
	（　　　　　　　）	
2,968,000		2,968,000

（B）令和3年10月26日から31日までの諸取引

　　3月26日　売上：東 京 商 店　¥ 50,000　　神奈川商店　¥ 40,000
　　　　　　　仕入：大 阪 商 店　¥ 75,000　　名古屋商店　¥100,000
　　　　　　　備品¥ 80,000を購入し、代金は小切手を振出し支払う。

給料￥120,000を現金で支払う。

27日　休業日

28日　売上：神奈川商店　￥60,000　埼玉商店　￥70,000

　　　仕入：名古屋商店　￥80,000　神戸商店　￥50,000

　　　東京商店から売掛代金￥100,000が、当座預金口座に振り込まれた。

　　　大阪商店の買掛金のうち￥100,000の支払いのため、同店宛約束手形を振り出した。

29日　売上：東京商店　￥80,000　埼玉商店　￥60,000

　　　仕入：大阪商店　￥80,000　神戸商店　￥70,000

　　　神奈川商店から売掛代金として、同店振出の約束手形￥100,000を受け取る。

　　　神戸商店の買掛金のうち￥100,000を、小切手を振り出して支払う。

　　　本月分の家賃￥14,000を、小切手を振り出して支払う。

30日　売上：埼玉商店　￥100,000

　　　仕入：神戸商店　￥80,000

　　　前日(29)神戸商店より仕入れた商品のうち￥30,000は、不良品につき返品した。

　　　神奈川商店振り出し、当店宛の所有する約束手形を銀行に売却し、その売却代金￥98,000は当座預金とした。

31日　売上：東京商店　￥80,000

　　　名古屋商店の買掛金￥80,000の支払いのため、東京商店振り出し、当店宛の所有約束手形を裏書譲渡した。

　　　借入金のうち￥100,000を利息￥10,000とともに、小切手を振り出して支払う。

合計残高試算表
令和3年10月31日

借方残高	借方合計	勘定科目	貸方合計	貸方残高
---------	---------	現　　　　　金		
---------	---------	当　座　預　金	---------	---------
---------	---------	受　取　手　形	---------	---------
---------	---------	売　　掛　　金	---------	---------
---------	---------	繰　越　商　品		
---------	---------	備　　　　　品		
---------	---------	支　払　手　形	---------	---------
---------	---------	買　　掛　　金	---------	---------
---------	---------	借　　入　　金	---------	---------
---------	---------	資　　本　　金	---------	---------

		売 上		
- - - - -	- - - - -	仕 入		
- - - - -	- - - - -	給 料		
- - - - -	- - - - -	支 払 家 賃		
- - - - -	- - - - -	支 払 利 息		
- - - - -	- - - - -	（　　　　）		

	売 掛 金 明 細 表			買 掛 金 明 細 表	
	10月25日	10月31日		10月25日	10月31日
東 京 商 店	¥　84,000	¥	大 阪 商 店	¥　80,000	¥
神奈川商店	50,000		神 戸 商 店	120,000	
埼 玉 商 店	34,000		名古屋商店	46,000	
	¥ 168,000	¥		¥ 246,000	¥

問題2　次の6月中の取引にもとづいて、下の表の借方および貸方の(1)月中取引高欄と(2)合計欄に金額を記入しなさい。なお、必要な科目は追加すること。

6月中の取引：

(1) 商品の仕入
 a. 小切手の振り出しによる仕入高 ………… ¥ 3,000
 b. 掛仕入高¥5,000　このうち¥500を返品
 c. 約束手形の振り出しによる仕入高 ……… ¥ 2,000

(2) 商品の売上
 a. 現金売上高 ……………………………… ¥ 8,000
 b. 掛売上高 ………………………………… ¥10,000
 c. 為替手形の受け入れによる売上高 ……… ¥ 5,000

(3) 当座預金の増減〔(1)-a. を除く〕
 a. 現金の預け入れ ……… ¥2,500
 b. 現金の引き出し ……… ¥3,500
 c. 売掛金の回収 ……… ¥6,000
 d. 買掛金の支払い ……… ¥　700
 e. 手形代金の取立 ……… ¥4,000
 f. 手形代金の支払い …… ¥2,000
 g. 借入金の返済 ……… ¥1,000
 h. 給料の支払い ………… ¥3,000

(4) 現金の増減 〔(2)-a.(3)-a.(3)-b.を除く〕

    a. 交通費の支払い ……… ￥1,500

    b. 光熱費の支払い ……… ￥1,800

    c. 通信費の支払い ……… ￥2,000

    d. 利息の支払い ………… ￥　500

    e. 家賃の受取り ………… ￥　700

借		方	勘定科目	貸		方
(2)合　計	(1)月中取引高	前月繰越高		前月繰越高	(1)月中取引高	(2)合　計
		6,000	現　　　金	720		
		17,160	当 座 預 金	9,450		
		8,400	受 取 手 形	7,500		
		8,025	売 掛 金	5,200		
		2,250	繰 越 商 品			
		2,700	備　　　品			
		5,000	土　　　地			
		1,750	建　　　物			
		6,000	支 払 手 形	8,100		
		3,825	買 掛 金	5,145		
			借 入 金	4,500		
			資 本 金	15,000		
		25	売　　　上	16,575		
			受 取 手 数 料	450		
		9,870	仕　　　入			
		1,275	給　　　料			
		195	交 通 費			
		165	広 告 費			
			光 熱 費			
			通 信 費			
			支 払 利 息			
			受 取 家 賃			
		72,640		72,640		

第23章 決 算（2）

1. 決算手続の流れ

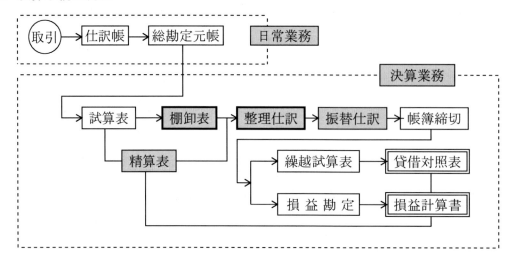

2. 棚卸表の作成と決算整理

　決算にあたっては、各勘定が正しい実際の残高や当期に帰属する収益・費用の額を示すように、帳簿の記録を整理し、修正する必要がある。この手続を**決算整理**といい、そのために必要な仕訳を**決算整理仕訳**という。この決算整理に必要な事項を**決算整理事項**と呼び、これをまとめて記載した一覧表を**棚卸表**という。

棚 卸 表

	勘定科目	摘　　　　　要	内　　訳	金　　額
売上原価の計算	繰越商品	甲商品　　800個　@￥300	240,000	
		乙商品　1,000個　@￥250	250,000	490,000
売上債権に対する貸倒	受取手形	期末残高	300,000	
		貸倒引当金　2%	6,000	294,000
	売 掛 金	期末残高	500,000	
		貸倒引当金　2%	10,000	490,000
有価証券評価損の計上	有価証券	K社株式　取得原価	330,000	
		評 価 損	30,000	300,000
固定資産の減価償却	備　　品	取得原価	800,000	
		減価償却累計額　216,000		
		当期減価償却額　72,000	288,000	512,000
費用収益の見越と繰延	前払保険料	保険料前払額（5ヶ月）		15,000
	未収利息	利 息 未 収 額（2ヶ月）		6,000
	未払家賃	家 賃 未 払 額（3ヶ月）		12,000

| | 前受地代 | 地 代 前 受 額(4ヶ月) | | | 16,000 |
| 消耗品 | 未 使 用 額 | | | 12,000 |

　この他に、現金過不足の処理、引出金の処理なども決算時において行われる、一般的に、これらの項目は棚卸表には表示しない。

3．決算振替仕訳

(1) 費用・収益の各勘定の残高を、損益勘定に振り替える。

(2) 損益勘定を締め切り、その貸借の差額を資本金勘定に振り替える。

　　㋐ 損益勘定の貸方が借方より多い場合には、収益が費用を上回っているのであるから、その超過分は当期純利益として表現されるので、この金額は資本金勘定の貸方に振替られることとなる。

　　㋑ 損益勘定の借方が貸方より多い場合には、費用が収益を上回っているのであるから、費用超過すなわち当期純損失として認識されるので、これは資本金勘定の減額つまり借方に振替られることとなる。

4．損益勘定および収益・費用に属する勘定を締め切る。

5．資産・負債に属する勘定および純資産に属する勘定を締め切る。

(1) 資産・負債・純資産の各勘定の貸借の合計金額の差額を、金額の少ない側に、決算日の日付で摘要欄に"次期繰越"と朱書し、貸借を平均させて締め切る。

(2) つぎに次期繰越と反対側に、決算日の翌日の日付で摘要欄に前期繰越と記載して金額を記入する。

【例題１】 次の残高試算表と前ページの棚卸表（要点整理２）によって、決算整理仕訳を示して、精算表を作成しなさい。なお、現金過不足勘定は原因が不明であることが判明し、引出金勘定は資本金勘定に振り替えるものとする。

残 高 試 算 表

令和〇年３月31日

借　方	元丁	勘 定 科 目	貸　方
250,000	1	現　　　　　金	
6,000	2	現 金 過 不 足	
1,432,000	3	当 座 預 金	
300,000	4	受 取 手 形	
500,000	5	売 　掛 　金	
	6	貸 倒 引 当 金	10,000
330,000	7	有 価 証 券	
450,000	8	繰 越 商 品	
580,000	9	貸 　付 　金	
800,000	10	備　　　　　品	
	11	備品減価償却累計額	216,000

1,500,000	12	土　　　　　　地	
	13	支　払　手　形	280,000
	14	買　　掛　　金	340,000
	15	資　　本　　金	5,000,000
75,000	16	引　　出　　金	
	17	売　　　　　　上	3,228,000
	18	受　取　地　代	32,000
	19	受　取　利　息	12,000
2,000,000	20	仕　　　　　　入	
730,000	21	給　　　　　　料	
8,000	22	支　払　家　賃	
27,000	23	支　払　保　険　料	
50,000	24	消　耗　品　費	
80,000	25	雑　　　　　　費	
9,118,000			9,118,000

【整理仕訳】

①	仕　　　入	450,000	繰越商品	450,000
	繰越商品	490,000	仕　　　入	490,000
②	貸倒引当損	6,000	貸倒引当金	6,000
	\multicolumn{4}{c}{(300,000＋500,000)×0.02＝16,000　　∴　16,000－10,000＝6,000}
③	有価証券評価損	30,000	有価証券	30,000
④	減価償却費	72,000	備品減価償却累計額	72,000
⑤	前払保険料	15,000	支払保険料	15,000
⑥	未収利息	6,000	受取利息	6,000
⑦	支払家賃	12,000	未払家賃	12,000
⑧	受取地代	16,000	前受地代	16,000
⑨	消耗品	12,000	消耗品費	12,000
⑩	雑　　損	6,000	現金過不足	6,000
⑪	資本金	75,000	引出金	75,000

精　算　表

令和○年3月31日　　　　　　　　　　　　　（単位：千円）

勘定科目	残高試算表 借方	残高試算表 貸方	整理記入 借方	整理記入 貸方	損益計算書 借方	損益計算書 貸方	貸借対照表 借方	貸借対照表 貸方
現　　　金	250						250	
現 金 過 不 足	6			6				
当 座 預 金	1,432						1,432	
受 取 手 形	300						300	
売 　掛　 金	500						500	
貸 倒 引 当 金		10		6				16
有 価 証 券	330			30			300	
繰 越 商 品	450		490	450			490	
貸 　付　 金	580						580	
備　　　品	800						800	
備品減価償却累計額		216		72				288
土　　　地	1,500						1,500	
支 払 手 形		280						280
買 　掛　 金		340						340
資 　本　 金		5,000	75					4,925
引 　出　 金	75			75				
売　　　上		3,228				3,228		
受 取 地 代		32	16			16		
受 取 利 息		12		6		18		
仕　　　入	2,000		450	490	1,960			
給　　　料	730				730			
支 払 家 賃	8		12		20			
支 払 保 険 料	27			15	12			
消 耗 品 費	50			12	38			
雑　　　費	80				80			
	9,118	9,118						
貸 倒 引 当 損			6		6			
有価証券評価損			30		30			
減 価 償 却 費			72		72			
前 払 保 険 料			15				15	
未 収 利 息			6				6	
未 払 家 賃				12				12
前 受 地 代				16				16
消 耗 品			12				12	

勘定科目	雑　損			6	6				
当期純利益					308				308
			1,190	1,190	3,262	3,262	6,185	6,185

【解説】

　本設例では「売上原価」算定について、何の記述もないが仕入勘定の行にて計算することが暗黙の前提とされている。が、これを売上原価の行で計算する場合を想定すれば、以下のように示されよう。

勘定科目	残高試算表		整理記入		損益計算書		貸借対照表	
	借方	貸方	借方	貸方	借方	貸方	借方	貸方
⋮								
繰越商品	450		490	450			490	
⋮								
仕　入	2,000			2,000				
売上原価			450	490	1,960			
			2,000					

問題 1　次の期末修正事項にもとづいて、決算に必要な仕訳を示しなさい。

(1) 帳簿価額￥72,000の有価証券を￥69,000に評価替えする。

(2) 売掛金の期末残高（￥320,000）について、2％の貸し倒れを見積もる。ただし、貸倒引当金の期末残高は￥3,500である。なお、当社では貸倒引当金に関する処理法は、差額補充法を採用している。

(3) 取得原価￥450,000の備品について、残存価額を取得原価の10％、耐用年数を5年として、定額法により減価償却を行う。ただし、間接法によること。

(4) 手数料の前受分が￥2,000ある。

(5) 給料の未払い分が¥15,000ある。

(6) 期末商品棚卸高は¥60,000である。なお、期首商品棚卸高は¥50,000であった。

(7) 保険料の前払い分が¥3,000ある。

(8) 支払利息の未払い分が¥9,000ある。

問題2 決算に際して、次の誤りを発見した。これを訂正するための仕訳を示しなさい。なお、商品売買の処理は、3分法によること。 (日商「簿記」第58回)

(1) 得意先広島商店から売掛金¥200,000を小切手で回収したさい、貸方科目を売上と仕訳して転記していた。

(2) 仕入先仙台商店から商品¥300,000を掛買いしたさい、科目を貸借反対に仕訳して転記していた。

問題3 次の決算仕訳を行いなさい。 (日商「簿記」第70回)

(1) 決算時に手持ちの株式 100株(額面@¥50,000のものを@¥60,000で購入したものである)を@¥57,000に評価替えした。

(2) 決算の結果、当期純損失¥250,000を資本金勘定に振り替えた。

問題4　　次の決算仕訳を行いなさい。　　　　　　　　　　　　　　（日商「簿記」第55回一部修正）

(1) 東京商店は、埼玉商店に建物を令和〇年2月1日から月額￥50,000で貸しているが、これまで家賃は全く受取っていない。本日、決算（年1回、10月末日）あたって、期末整理を行う。

(2) 決算の結果、当期純利益￥125,000を資本金勘定へ振り替えた。

問題5　　次の決算仕訳を行いなさい。　　　　　　　　　　　　　　　　　　（日商「簿記」第45回）

(1) 決算に際して次の諸勘定の残高を、損益勘定に振り替える。

　　　売　　上　￥300,000　　　　仕　　入　￥200,000
　　　給　　料　￥ 50,000　　　　雑　　費　￥ 20,000

(2) 上記(1)損益勘定の残高を、資本金勘定に振り替える。

第24章　精算表（2）

┌─── 学習の要点 ───

(1) 再び「精算表」とは…？

　本決算に先立って、残高試算表から「損益計算書」および「貸借対照表」を作成する場合に、決算手続きの**流れを一覧した表**（鳥瞰図）が精算表（**決算運算表**）である。

　ここでは第7章で学習した6桁精算表に"修正（整理）記入欄"を設けた「8桁精算表」を中心として、ヨリ実践（戦）的な解説を試みることとする。

　　警鐘　精算表は、決算にあたって重要な表であるが、決算手続において無くても決算決算ができるので、正式の決算手続に含めない。しかし実務上では、大凡の決算状況を掴むために大切な決算表の一つである。

(2) 8桁精算表の作成方法

　① 試算表欄に各勘定の残高を記入する。

　② 修正記入欄に決算修正仕訳を記入する。

　③ 残高試算表欄と修正記入欄の金額を、同じ側（借方と借方・貸方と貸方）の場合には加算し、また、反対側（借方と貸方・貸方と借方）の場合には減算し、修正後の収益・費用を損益計算書欄に移記する。

　④ ③と同じ方法で加算・減算し、修正後の資産・負債・純資産を貸借対照表欄に移記する。

　⑤ 損益計算書欄・貸借対照表欄で当期純利益（または当期純損失）を計算金額の少ない側に記入する。

　⑥ 各欄を締め切る。

(3) 売上原価の計算には2つの方法がある。

　　〈例〉　期首繰越商品…¥40,000　期末繰越商品…¥60,000　仕　入…¥200,000

　❶ 「仕入の行」で計算する場合（仕入欄の残高は損益計算書の借方へ記入）

仕　　入	40,000	繰越商品	40,000（期首）
繰越商品	60,000（期末）	仕　　入	60,000

　❷ 「売上原価の行」で計算する場合（売上原価の残高は損益計算書の借方へ記入）

売上原価	40,000	繰越商品	40,000（期首）
売上原価	200,000	仕　　入	200,000
繰越商品	60,000（期末）	売上原価	60,000

【例題1】　次の精算表の勘定科目欄の（　　　）内に適当な科目を記入し、修正記入欄に適切な金額を推定して記入し、さらに損益計算書欄および貸借対照表欄に適当な金額を記入して精算表を完成しなさい。なお、売上原価の計算は「仕入」の行で行うこと。　　　　　　　　　　（日商「簿記」第73回一部修正）

精　算　表

勘 定 科 目	残 高 試 算 表		修 正 記 入		損 益 計 算 書		貸 借 対 照 表	
	借　方	貸　方	借　方	貸　方	借　方	貸　方	借　方	貸　方
現　　　　　金	14,400							
当 座 預 金	46,000							
売 　掛　 金	60,000							
有 価 証 券	32,000			2,000				

勘定科目	借方	貸方	借方	貸方	借方	貸方	借方	貸方
繰 越 商 品	15,000		13,500					
貸 付 金	30,000							
備 品	20,000							
買 掛 金		38,000						
借 入 金		40,000						
貸 倒 引 当 金		700		500				
減価償却累計額		7,200						
資 本 金		100,000						
売 上		235,000						
仕 入	136,000							
受 取 利 息		2,000						
給 料	47,000							
支 払 家 賃	11,000		1,000					
支 払 保 険 料	8,000			4,000				
支 払 利 息	3,500		5,000					
	422,900	422,900						
貸 倒 引 当 損								
有価証券評価損								
減 価 償 却 費			1,800					
（　　）家 賃								
（　　）保険料								
未 収 利 息			1,000					
未 払 利 息								
当 期 純（　　）								

【解答】

精　算　表

勘定科目	残 高 試 算 表		修 正 記 入		損 益 計 算 書		貸 借 対 照 表	
	借 方	貸 方	借 方	貸 方	借 方	貸 方	借 方	貸 方
現 金	14,400						14,400	
当 座 預 金	46,000						46,000	
売 掛 金	60,000						60,000	
有 価 証 券	32,000			2,000			（ 30,000)	
繰 越 商 品	15,000		13,500	(15,000)			（ 13,500)	
貸 付 金	30,000						30,000	
備 品	20,000						20,000	
買 掛 金		38,000						38,000

－ 126 －

勘定科目	試算表 借方	試算表 貸方	修正記入 借方	修正記入 貸方	損益計算書 借方	損益計算書 貸方	貸借対照表 借方	貸借対照表 貸方
借 入 金		40,000						40,000
貸 倒 引 当 金		700		500				(1,200)
減価償却累計額		7,200		(1,800)				(9,000)
資 本 金		100,000						100,000
売 上		235,000				235,000		
仕 入	136,000		(15,000)	(13,500)	(137,500)			
受 取 利 息		2,000		(1,000)		(3,000)		
給 料	47,000				47,000			
支 払 家 賃	11,000		1,000		(12,000)			
支 払 保 険 料	8,000			4,000	(4,000)			
支 払 利 息	3,500		5,000		(8,500)			
	422,900	422,900						
貸 倒 引 当 損			(500)		(500)			
有価証券評価損			(2,000)		(2,000)			
減 価 償 却 費			1,800		(1,800)			
(未 払)家 賃				(1,000)				(1,000)
(前 払)保険料			(4,000)				(4,000)	
未 収 利 息			1,000				(1,000)	
未 払 利 息				(5,000)				(5,000)
当期純(利 益)					(24,700)			(24,700)
			(43,800)	(43,800)	(238,000)	(238,000)	(218,900)	(218,900)

【解説】

　本問題は、決算修正事項が示されていないので、まず修正記入欄の一部分の記入をもとに、対応する勘定科目を推定して修正欄の記入を行ない、修正記入欄の合計金額を貸借一致させる。そして、残高試算表の金額が修正記入欄の記入によって、増減変化をもたらす結果となるので、それらを勘定科目毎に反映させる。すなわち、個々に修正された勘定科目(内容)は、収益・費用系統であれば、損益計算書欄に、また資産・負債・純資産系統であれば、貸借対照表欄に移記する。

　さて、ここでの決算整理事項は、修正記入された内容から判断して、以下のように推定されよう。すなわち、

① 有価証券の貸方￥2,000の相手科目は、有価証券評価損となるので、借方に当該金額を記入する。

② 繰越商品の借方(期末棚卸高)は￥13,500とあるので、当然、相手科目は仕入勘定の貸方に同額を記入すれば良い。したがって、残高試算表の繰越商品の借方(期首棚卸高)￥15,000は、仕入勘定の借方に振替えられる。その結果、仕入勘定の借方に￥15,000、また繰越商品勘定の貸方に￥15,000が記入される。

③ 貸倒引当金の貸方￥500は、当然、相手科目は貸倒引当金繰入であるから借方￥500と記入する。

④ 支払家賃の借方￥1,000は支払家賃の追加分、つまり未払費用の計上である。したがって、相手科目は未払家賃であり、その貸方に￥1,000と記入する。なお、この未払家賃は「負債項目」なので、

貸借対照表の貸方欄に移記する。

⑤　支払保険料の貸方¥4,000は、払い過ぎ(余分に)であることを意味しているので、相手科目は前払
　　保険料となり、借方に¥4,000と記入する。なお、前払保険料は「資産項目」なので、貸借対照表の
　　借方欄に移記する。

⑥　支払利息の借方¥5,000は、支払利息の不足分があることを意味しているので、相手科目は未払利
　　息であり貸方に¥5,000と記入する。

⑦　減価償却費の借方¥1,800の相手科目は減価償却累計額であるので、その貸方に同額を記入する。

⑧　未収利息の借方¥1,000は、未だ受領していないが経過期限を過ぎた利息であるから、受取利息の
　　貸方に同額を記入する。

問題1　　次の期末修正事項によって、精算表を完成しなさい。なお、会計期間は1年である。

(1) 受取手形と売掛金の合計額に対して2%の貸倒れを見積る。なお、当社では貸倒引当金の会計
　　処理法について差額補充法を採用している。

(2) 家賃の未払分が¥10,000ある。

(3) 期末棚卸高は¥350,000である。売上原価は「仕入」の行で計算すること。

(4) 備品の減価償却費は、耐用年数8年、残存価額は取得価額の10%で定額法による。

(5) 保険料の前払分が¥8,000あった。

(6) 利息の未収分が¥7,000あった。

(7) 手数料の前受分が¥4,000あった。

精　算　表

勘定科目	残高試算表		修正記入		損益計算書		貸借対照表	
	借　方	貸　方	借　方	貸　方	借　方	貸　方	借　方	貸　方
現　　　　金	103,000							
当 座 預 金	1,233,000							
受 取 手 形	500,000							
売 　掛　 金	1,450,000							
有 価 証 券	630,000							
貸 　付　 金	100,000							
繰 越 商 品	370,000							
備　　　　品	800,000							
支 払 手 形		500,000						
買 　掛　 金		765,000						
借 　入　 金		1,000,000						
貸 倒 引 当 金		10,000						
減価償却累計額		140,000						
資 　本　 金		2,500,000						

仕　　　　入	1,627,000								
給　　　　料	250,000								
支 払 家 賃	300,000								
支 払 保 険 料	36,000								
事務用消耗品費	22,000								
売　　　　上		2,360,000							
受 取 利 息		96,000							
受 取 手 数 料		50,000							
	7,421,000	7,421,000							
貸倒（　　　）									
減 価 償 却 費									
（　　　）家賃									
（　　　）保険料									
（　　　）利息									
（　　　）手数料									
当 期 純（　　）									

問題2　　次の期末修正事項によって、精算表を完成しなさい。なお、会計期間は、令和元年10月1日から令和2年9月30日までの1年である。　　　　　　　　　（日商「簿記」第71回一部修正）

(1) 売掛金期末残高に対し、2％の貸倒れを見積もる。なお、貸倒引当金の計上は、差額補充法によること。

(2) 有価証券に対し¥20,000の評価損を計上する。

(3) 期末商品棚卸高は¥180,000 である。なお、売上原価は「仕入」の行で計算する方法によること。

(4) 備品に対し減価償却を行う。なお、備品のうち¥80,000は平成元年5月15日に取得したもので、月割計算による。

　　　　償却方法：定額法　　耐用年数：5年　　残存価額：取得減価の10％

(5) 支払家賃は11ケ月分で、1ケ月分が未払いとなっている。

(6) 通信費の未払いが¥8,000ある。

(7) 保険料は当期首に向う2年分を支払ったものである。

(8) 借入金は平成元年7月1日に利率年9％で借入れたものである。なお、利息は返済期日（平成2年6月30日）に元金とともに支払う。利息は月割計算となる。

精 算 表

勘 定 科 目	残 高 試 算 表		修 正 記 入		損 益 計 算 書		貸 借 対 照 表	
	借 方	貸 方	借 方	貸 方	借 方	貸 方	借 方	貸 方
現　　　金	113,000							
当 座 預 金	350,000							
売　掛　金	500,000							
有 価 証 券	220,000							
繰 越 商 品	150,000							
備　　　品	280,000							
買　掛　金		265,000						
借　入　金		400,000						
貸 倒 引 当 金		4,000						
減価償却累計額		72,000						
資　本　金		700,000						
売　　　上		1,500,000						
受 取 配 当 金		15,000						
仕　　　入	850,000							
給　　　料	254,000							
支 払 家 賃	132,000							
通　信　費	70,000							
保　険　料	12,000							
支 払 利 息	25,000							
	2,956,000	2,956,000						
貸 倒 引 当 損								
有価証券評価損								
減 価 償 却 費								
（　　）家　賃								
（　　）通信費								
（　　）保険料								
（　　）利　息								
当期純（　　）								

- 130 -

問題3　次の精算表の試算表及び修正記入欄に適当な金額を記入して、精算表を完成しなさい。

（日商「簿記」第70回）

精　算　表

勘定科目	残高試算表 借方	残高試算表 貸方	修正記入 借方	修正記入 貸方	損益計算書 借方	損益計算書 貸方	貸借対照表 借方	貸借対照表 貸方
現 金 預 金							140,000	
受 取 手 形							80,000	
売 掛 金							148,000	
有 価 証 券							98,000	
繰 越 商 品	150,000						210,000	
備 品							340,000	
支 払 手 形								100,000
買 掛 金								150,000
借 入 金								250,000
貸 倒 引 当 金								8,000
備品減価償却累計額								83,500
資 本 金								350,000
売 上						570,000		
受 取 手 数 料						30,000		
仕 入					360,000			
給 料					119,000			
広 告 費					20,000			
保 険 料					8,000			
支 払 利 息					8,500			
貸 倒 引 当 損					2,000			
減 価 償 却 費					13,500			
有 価 証 券 評 価 損					2,000			
未 払 広 告 費								3,500
前 払 保 険 料							4,000	
前 受 手 数 料								8,000
					533,000	600,000	1,020,000	953,000
当期純利益					**67,000**			67,000
					600,000	600,000	1,020,000	1,020,000

問題4 次の期末修正事項にもとづいて、解答用紙の精算表を完成しなさい。ただし、会計期間は、令和2年4月1日から令和3年3月31日までの1年である。 （日商「簿記」第74回一部修正）

(イ) 売掛金に対して2％の貸倒を見積もる。差額補充法によること。

(ロ) 有価証券を¥85,000に評価替する。

(ハ) 期末商品棚卸高は¥95,000である。売上原価は「仕入」の行で計算すること。

(ニ) 備品について定額法によって減価償却を行う。ただし、備品の残存価格は取得原価の10％、耐用年数は9年である。

(ホ) 消耗品の期末未消費が¥15,000ある。

(ヘ) 借入金は令和2年10月1日に借入期間1年、利率年9.6％で借り入れたものであり、利息は元金の返済時に支払うことになっている。利息は月割計算による。

(ト) 有価証券の利息¥4,900が未収である。

(チ) 家賃は月¥4,000であるが、平成3年3月分の家賃が未払となっている。

(リ) 支払保険料は1年分で、保険契約後決算日までの経過期間は4カ月である。

精　算　表

勘定科目	残高試算表 借方	残高試算表 貸方	修正記入 借方	修正記入 貸方	損益計算書 借方	損益計算書 貸方	貸借対照表 借方	貸借対照表 貸方
現　　　　金	42,700							
当 座 預 金	120,000							
売　掛　金	165,000							
有 価 証 券	100,000							
繰 越 商 品	80,000							
備　　　　品	200,000							
買　掛　金		130,000						
借　入　金		200,000						
貸倒引当金		800						
減価償却累計額		40,000						
資　本　金		300,000						
売　　　　上		679,000						
仕　　　　入	411,000							
有価証券利息		4,900						
給　　　　料	120,000							
消 耗 品 費	60,000							
支 払 家 賃	44,000							
支 払 保 険 料	12,000							
	1,354,700	1,354,700						
貸 倒 引 当 損								

有価証券評価損									
減 価 償 却 費									
( )									
( )利 息									
( )利 息									
( )									
( )家 賃									
( )保険料									
当期純( )									

問題5

次の精算表の試算表欄および修正記入欄に適当な金額を記入し、更に損益計算書と貸借対照表欄の当期純損益の金額を記入して精算表を完成しなさい。 （日商「簿記」第76回）

精　算　表

勘定科目	残高試算表 借	残高試算表 貸	修正記入 借	修正記入 貸	損益計算書 借	損益計算書 貸	貸借対照表 借	貸借対照表 貸
現　　　　　金							23,300	
当 座 預 金							95,000	
売　掛　金							30,000	
有 価 証 券							55,000	
貸　付　金							10,000	
繰 越 商 品			22,000	35,000			22,000	
備　　　品							10,000	
建　　　物							300,000	
買　掛　金								25,000
貸 倒 引 当 金								900
備品減価償却累計額								5,420
建物減価償却累計額								107,400
資　本　金								400,000
売　　　上						117,000		
受 取 手 数 料				1,000		4,600		
仕　　　入	80,000				93,000			
給　　　料					6,800			
支 払 保 険 料					400			
貸 倒 引 当 損					200			
備品減価償却費					1,420			
建物減価償却費					7,400			
有価証券評価損					5,000			
未 収 手 数 料							1,000	
前 払 保 険 料							800	
未 払 給 料								1,000
当期純（　　　）					7,380			7,380
					121,600	121,600	547,100	547,100

第25章　損益計算書・貸借対照表

━ 学習の要点 ━

(1) 損益計算書と貸借対照表の作成

⇨ 決算整理後の残高試算表に基づいて、基本財務諸表(公表用「会計報告書」)として損益計算書及び貸借対照表が作成される。財務諸表それ自体に関する議論は、会計学の守備範囲であるが、その基本的な事項だけは日商「簿記」検定でも要求されている。

損益計算書 ⇨ 1会計期間に発生した収益と費用を記載し、その差額を当期純利益(損失)として示したもので、一定期間の企業の**経営成績**を表すものである。

☆ 表示上の注意点 :
① 会計期間を表示する。
② 売上勘定は「売上高」と表示する。
③ 仕入勘定は「売上原価」と表示する。

貸借対照表 ⇨ 一定時点における企業の**財政状態**を表したものである。

☆ 表示上の注意点 :
① 決算日を明示する。
② 繰越商品は「商品」と表示する。
③ 貸倒引当金・減価償却累計額は「控除」形式により表示(ⓐの場合)
　しかし、検定試験では貸方に表示される場合がある(ⓑの場合)

ⓐ

貸 借 対 照 表

豊橋産業(株)　　　　　平成〇年〇月〇日　　　　　(単位 : 円)

資　産	金　額		負債及び純資産	金　額	
:		:			:
売　掛　金	605,000				
貸倒引当金	2,000	603,000			
商　　品		50,000			
備　　品	300,000				
減価償却累計額	15,000	285,000			
:		:			
売　掛　金		605,000	貸倒引当金		2,000
商　　品		50,000	減価償却累計額		15,000
備　　品		300,000			

ⓑ

【例題1】　次の決算整理後の残高試算表にもとづいて、損益計算書と貸借対照表を完成しなさい。

（日商「簿記」第56回一部修正）

残 高 試 算 表
令和○年3月31日

借方残高	勘 定 科 目	貸方残高
50,000	現　　　　　金	
250,000	売　　掛　　金	
80,000	有　価　証　券	
100,000	繰　越　商　品	
80,000	備　　　　　品	
	買　　掛　　金	170,000
	借　　入　　金	200,000
	貸　倒　引　当　金	5,000
	減 価 償 却 累 計 額	27,000
	資　　本　　金	150,000
	売　　　　　上	801,000
	受　取　利　息	6,000
670,000	仕　　　　　入	
84,000	給　　　　　料	
24,000	家　　　　　賃	
1,000	貸　倒　引　当　損	
9,000	減　価　償　却　費	
2,000	未　収　利　息	
1,000	前　払　利　息	
8,000	支　払　利　息	
1,359,000		1,359,000

損 益 計 算 書

自令和△年4月1日　至令和〇年3月31日

費　　　用	金　　額	収　　　益	金　　額
売 上 原 価	670,000	売 上 高	801,000
給　　　料	84,000	（　　　　　　）	（　　　　　　）
家　　　賃	24,000		
貸 倒 引 当 損	1,000		
減 価 償 却 費	9,000		
（　　　　　）	（　　　　　）		
（　　　　　）	（　　　　　）		
	（　　　　　）		（　　　　　）

貸 借 対 照 表

令和〇年3月31日

資　　　産	金　　額	負債及び純負債	金　　額
現　　　金	50,000	買 掛 金	170,000
売 掛 金	（　　　　　）	借 入 金	200,000
有 価 証 券	80,000	（　　　　　）	（　　　　　）
商　　　品	100,000	（　　　　　）	（　　　　　）
（　　　　　）	（　　　　　）	資 本 金	150,000
（　　　　　）	（　　　　　）	（　　　　　）	（　　　　　）
備　　　品	（　　　　　）		
	（　　　　　）		（　　　　　）

【解答】

損 益 計 算 書

自令和△年4月1日　至令和〇年3月31日

費　　　用	金　　額	収　　　益	金　　額
売 上 原 価	670,000	売 上 高	801,000
給　　　料	84,000	（ 受 取 利 息 ）	（　　6,000　）
家　　　賃	24,000		
貸 倒 引 当 損	1,000		
減 価 償 却 費	9,000		
（ 支 払 利 息 ）	（　　8,000　）		
（ **当 期 純 利 益** ）	（　**11,000**　）		
	（　807,000　）		（　807,000　）

貸 借 対 照 表
令和○年3月31日

資　　　　産	金　　　額	負債及び純負債	金　　　額
現　　　　金	50,000	買　　掛　　金	170,000
売　　掛　　金	(250,000)	借　　入　　金	200,000
有　価　証　券	80,000	(貸倒引当金)	(5,000)
商　　　　品	100,000	(減価償却累計額)	(27,000)
(未 収 利 息)	(2,000)	資　　本　　金	150,000
(前 払 利 息)	(1,000)	(当 期 純 利 益)	(11,000)
備　　　　品	(80,000)		
	(563,000)		(563,000)

【解説】

　ここでの試算表は、決算整理後の試算表であることに注意する。すなわち、決算整理後の試算表の数字は決算整理を行った後の数字であり、損益計算書欄や貸借対照表欄に記入すべき数字である。ここで最も大切なことは、残高試算表の各勘定科目が、損益計算書に属する勘定科目であるか、あるいは貸借対照表に移記すべき勘定科目であるかということを正確に見分けることである。

　特に注意しなければならない勘定科目として、経過勘定があげられる。未収利息や前払利息は、資産系列なので貸借対照表の借方に記入する。

　＜経過勘定の記入＞

　　未収・前払が付いた勘定科目は ⇨ 貸借対照表の「借方」へ記載する。
　　　　（例示）　未収利息・未収家賃・前払家賃・前払保険料
　　未払・前受が付いた勘定科目は ⇨ 貸借対照表の「貸方」へ記載する。
　　　　（例示）　未払家賃・未払利息・前受手数料

　損益計算書・貸借対照表の貸借「差額」は、当期純利益として算定される。この利益額は損益計算書の借方に、そして貸借対照表の貸方に同じ金額が記入されることとなる。

　貸倒引当金と減価償却累計額は、解答では貸方記載によって減額されているが、各資産に対する評価勘定として、借方に記載して控除する方法もある。なお、控除方式としては、個別控除方式と一括控除方式とがある。

【例題2】　次に掲げた東京商店の決算整理後残高試算表に基づき、貸借対照表と損益計算書を完成しなさい。

（日商「簿記」第57回一部修正）

決算整理後残高試算表
令和○年3月31日

借方残高	勘　定　科　目	貸方残高
6,500	現　　　　金	

借方	勘定科目	貸方
13,000	当 座 預 金	
35,000	売 掛 金	
	貸 倒 引 当 金	2,250
13,750	有 価 証 券	
22,250	繰 越 商 品	
10,000	備 品	
	減価償却累計額	3,375
	支 払 手 形	6,250
	買 掛 金	17,000
	借 入 金	7,500
	資 本 金	61,000
	売 上	71,800
48,250	仕 入	
8,500	給 料	
6,250	旅 費 交 通 費	
825	広 告 費	
525	支 払 利 息	
1,750	貸 倒 引 当 損	
2,375	減 価 償 却 費	
200	雑 損 失	
169,175		169,175

東京商店

損 益 計 算 書

自令和〇年4月1日　至令和(　　)年(　　)月(　　)日

費　　用	金　額	(　　　　　　)	金　額
売 上 原 価	(　　　)	(　　　　　)	(　　　　)
給 料	(　　　)		
旅 費 交 通 費	(　　　)		
広 告 費	(　　　)		
貸 倒 引 当 損	(　　　)		
減 価 償 却 費	(　　　)		
支 払 利 息	(　　　)		
雑 損 失	(　　　)		
	(　　　)		
	(　　　)		(　　　　)

東京商店

貸 借 対 照 表

令和○年（　）月（　）日

（　　　　　　　　　　）	金　額	負債および資本	金　額
現　　　　　金	（　　　　）	支 払 手 形	（　　　　）
当 座 預 金	（　　　　）	買 　掛　 金	（　　　　）
（　　　　　）（　　　）		借 　入　 金	（　　　　）
（　　　　　）（　　　）	（　　　　）	資 　本　 金	（　　　　）
有 価 証 券	（　　　　）	（　　　　　　　）	（　　　　）
商　　　　　品	（　　　　）		
備　　　　品（　　　）			
減価償却累計額（　　　）	（　　　　）		
	（　　　　）		（　　　　）

【解答】

東京商店

損 益 計 算 書

自令和△年４月１日　　至令和（ ○ ）年（ ３ ）月（ 31 ）日

費　　　用	金　額	（ 収　　　益 ）	金　額
売 上 原 価	（ 48,250 ）	（ 売　上　高 ）	（ 71,800 ）
給　　　料	（ 8,500 ）		
旅 費 交 通 費	（ 6,250 ）		
広 　告　 費	（ 825 ）		
貸 倒 引 当 損	（ 1,750 ）		
減 価 償 却 費	（ 2,375 ）		
支 払 利 息	（ 525 ）		
雑 　損　 失	（ 200 ）		
（ 当 期 純 利 益 ）	（ 3,125 ）		
	（ 71,800 ）		（ 71,800 ）

東京商店

貸 借 対 照 表

令和○年（ ３ ）月（ 31 ）日

（ 資　　　産 ）	金　額	負債及び純資産	金　額
現　　　　　金	（ 6,500 ）	支 払 手 形	（ 6,250 ）
当 座 預 金	（ 13,000 ）	買 　掛　 金	（ 17,000 ）
（ 売 　掛　 金 ）（ 35,000 ）		借 　入　 金	（ 7,500 ）
（ 貸倒引当金 ）（ 2,250 ）	（ 32,750 ）	資 　本　 金	（ 61,000 ）
有 価 証 券	（ 13,750 ）	（ 当 期 純 利 益 ）	（ 3,125 ）

商 品		(22,250)			
備 品 (10,000)					
減価償却累計額 (3,375)	(6,625)				
		(94,875)			(94,875)

問題 1 次の決算整理後残高試算表をもとに、損益計算書と貸借対照表を作成しなさい。

決算整理後残高試算表
令和○年10月31日

借方残高	勘 定 科 目	貸方残高
185,700	現 金	
221,000	当 座 預 金	
896,000	売 掛 金	
600,000	有 価 証 券	
175,000	繰 越 商 品	
444,000	備 品	
	支 払 手 形	220,000
	買 掛 金	308,000
	借 入 金	252,000
	貸 倒 引 当 金	12,000
	減 価 償 却 累 計 額	83,000
	資 本 金	1,500,000
	売 上	1,280,000
	受 取 地 代	58,000
856,000	仕 入	
220,000	給 料	
16,000	旅 費 交 通 費	
87,000	支 払 家 賃	
5,800	支 払 利 息	
1,700	貸 倒 引 当 損	
3,500	減 価 償 却 費	
1,300	雑 費	
3,713,000		3,713,000

損 益 計 算 書
自令和△年11月1日　至令和○年(　　)月(　　)日

費　　　　用	金　　額	収　　　　益	金　　額
(　　　　　　　)	(　　　　　　)	売　上　高	(　　　　　　)
給　　　料	220,000	(　　　　　　)	(　　　　　　)
旅 費 交 通 費	16,000		
支　払　家　賃	87,000		
支　払　利　息	5,800		
(　　　　　　　)	(　　　　　　)		
(　　　　　　　)	(　　　　　　)		
雑　　　費	1,300		
(　　　　　　　)	(　　　　　　)		
	(　　　　　　)		(　　　　　　)

貸 借 対 照 表
令和○年(　　)月(　　)日

資　　　　産	金　　額	負債及び純資産	金　　額
現　　　　金	(　　　　　　)	支　払　手　形	(　　　　)
当　座　預　金	(　　　　　　)	買　　掛　　金	(　　　　)
売　　掛　　金	(　　　)	借　　入　　金	(　　　　)
貸 倒 引 当 金	(　　　)(　　　)	資　　本　　金	(　　　　)
有　価　証　券	(　　　　　　)	(　　　　　　)	(　　　　)
商　　　　品	175,000		
備　　　　品	(　　　)		
減価償却累計額	(　　　)(　　　)		
	(　　　　　　)		(　　　　)

問題2 次の決算整理後残高試算表にもとづいて、損益計算書と貸借対照表を完成させなさい。なお、会計期間は1年である。

（日商「簿記」第67回一部修正）

残 高 試 算 表
令和○年10月31日

借 方 残 高	勘 定 科 目	貸 方 残 高
28,500	現　　　　金	
87,200	当　座　預　金	
450,000	売　　掛　　金	

178,000	有 価 証 券	
192,000	繰 越 商 品	
150,000	備　　　品	
	支 払 手 形	90,000
	買 掛 金	255,000
	借 入 金	40,000
	貸 倒 引 当 金	35,000
	減価償却累計額	54,000
	資 本 金	500,000
	売　　　上	1,203,000
931,000	仕　　　入	
90,000	給　　　料	
20,700	支 払 家 賃	
11,200	保 険 料	
1,100	支 払 利 息	
10,000	貸 倒 引 当 損	
1,000	有価証券評価損	
27,000	減 価 償 却 費	
	未 払 家 賃	700
300	前 払 保 険 料	
	未 払 利 息	300
2,178,000		2,178,000

太平洋商店

損 益 計 算 書

自令和△年11月1日　至令和○年（　　）月（　　）日

費　　　用	金　　額	収　　　　益	金　　額
売 上 原 価	（　　　　）	（　　　　）	（　　　　）
給　　　料	90,000		
支 払 家 賃	20,700		
保 険 料	11,200		
貸 倒 引 当 損	10,000		
減 価 償 却 費	27,000		
支 払 利 息	1,100		
（　　　　　）	（　　　　）		
（　　　　　）	（　　　　）		
	（　　　　）		（　　　　）

太平洋商店

貸 借 対 照 表

令和○年(　　)月(　　)日

資　　　産	金　　　額	負債及び純資産	金　　　額
現　　　　　金	28,500	支　払　手　形	90,000
当　座　預　金	87,200	買　　掛　　金	255,000
売　　掛　　金	(　　　　)	借　　入　　金	40,000
(　　　　　　)	(　　　) (　　　)	(　　　　　　)	(　　　　　　)
有　価　証　券	(　　　)	(　　　　　　)	(　　　　　　)
商　　　　　品	(　　　)	資　　本　　金	500,000
(　　　　　　)	(　　　)	(　　　　　　)	(　　　　　　)
(　　　　　　)	(　　　)		
減価償却累計額	(　　) (　　　)		
	(　　　)		(　　　　　　)

問題3　以下に掲記する残高試算表と決算仕訳にもとづいて、損益計算書と貸借対照表を作成しなさい。

残 高 試 算 表

令和○年2月28日

借 方 残 高	勘　定　科　目	貸 方 残 高
75,700	現　　　　　　金	
201,000	当　座　預　金	
796,000	売　　掛　　金	
109,000	繰　越　商　品	
315,000	備　　　　　品	
	買　　掛　　金	211,000
	貸　倒　引　当　金	3,300
	減価償却累計額	86,700
	資　　本　　金	1,000,000
	売　　　　　上	1,204,400
	受　取　地　代	23,400
732,500	仕　　　　　入	
180,000	給　　　　　料	
66,000	支　払　家　賃	
53,600	支　払　保　険　料	
2,628,800		2,628,800

＜決算仕訳＞

仕　　　　　入	109,000		繰 越 商 品	109,000	
繰 越 商 品	105,000		仕　　　　　入	105,000	
貸 倒 引 当 損	3,000		貸 倒 引 当 金	3,000	
減 価 償 却 費	18,500		減価償却累計額	18,500	
受 取 地 代	13,000		前 受 地 代	13,000	
前 払 保 険 料	6,200		支 払 保 険 料	6,200	

損 益 計 算 書

自令和△年3月1日　至令和〇年(　　)月(　　)日

費　　　　　用	金　　　　額	収　　　　　益	金　　　　額
売 上 原 価	(　　　　　)	売　　上　　高	(　　　　　)
給　　　　　料	180,000	受　取(　　　)	(　　　　　)
支 払 家 賃	(　　　　　)		
支 払 保 険 料	47,400		
貸 倒 引 当 損	(　　　　　)		
減 価 償 却 費	(　　　　　)		
(当 期 純 利 益)	(　　　　　)		
	(　　　　　)		(　　　　　)

貸 借 対 照 表

令和〇年2月28日

資　　　　　産	金　　　　額		負債及び純資産	金　　　　額
現　　　　　金		75,700	買　　掛　　金	211,000
当 座 預 金		201,000	前 受 地 代	(　　　　　)
売　　掛　　金	(　　　　)		資　　本　　金	1,000,000
貸 倒 引 当 金	(　　　　)	(　　　　)	(　　　　　)	(　　　　　)
商　　　　　品		105,000		
備　　　　　品	(　　　　)			
減価償却累計額	(　　　　)	(　　　　)		
前 払 保 険 料		(　　　　)		
		(　　　　)		(　　　　)

第２６章　伝　　票

── 学習の要点 ──

(1) 伝票の利用

　実務では取引が発生した時に、仕訳帳の代わりに、伝票が利用されることが多い。伝票を利用する場合、どのような伝票を利用するかにより、一伝票制・三伝票制・五伝票制がある。ここでは、三伝票制と五伝票制について概説する。

(2) 一般的処理

　(a) 三伝票制とは、**入金伝票・出金伝票・振替伝票**を利用する方法である。

　　① 入金伝票 ⇒ 入金伝票には、入金取引を記入する。～【例題１】(ｲ)・(ﾛ)のケース～
　　　　　仕訳を行うと「借方」がすべて『現金』になる場合に使用する。伝票の種類を分かりやすくするため、通常この伝票は**赤色**で印刷されている。

　　② 出金伝票 ⇒ 出金伝票には、出金取引を記入する。～【例題１】(ﾊ)・(ﾆ)のケース～
　　　　　仕訳を行うと「貸方」がすべて『現金』になる場合に使用する。通常この伝票は**青色**で印刷されている。

　　③ 振替伝票 ⇒ 入金取引・出金取引以外の仕訳をする場合に使用する。通常、この伝票は**黒色**(または青色)で印刷されている。

　　　　　　　　　～【例題１】(ﾎ)・(ﾍ)のケース～

　(b) 一部現金取引

　　取引の中には入金取引や出金取引と振替取引とが一緒に行われることがあり、この場合には一種類の伝票では処理できないために複数の伝票を使用する。

　(c) 五伝票制とは、入金伝票・出金伝票・振替伝票の３伝票以外に、**仕入伝票**と**売上伝票**を利用する方法である。

　　④ 売上伝票 ⇒ 商品を販売した時に、売上伝票に記入する。
　　　　　　売上伝票を利用するには、すべての売上を掛取引として会計処理を行う。

　　⑤ 仕入伝票 ⇒ 商品を仕入れた時に、仕入伝票に記入する。
　　　　　　仕入伝票を利用するには、すべての仕入を掛取引として会計処理を行う。

【例題１】　次の取引の場合、どのように伝票に記入するか答えなさい。

　(ｲ) ６月28日　長崎商店にＡ商品を¥50,000で売り渡し、代金は現金で受け取った。

　(ﾛ) ６月30日　熊本商事から売掛代金¥112,000の入金があった。

(ｲ)　　　入　金　伝　票
令和○年６月28日
科目　売　　　上　　　50,000
（　長崎商店　）

(ﾛ)　　　入　金　伝　票
令和○年６月30日
科目　売　掛　金　　112,000
（　熊本商事　）

現　金　50,000　　売　　　上　50,000　　　　現　金　112,000　　売掛金　112,000

(ハ) 6月29日　大分商店に宣伝・広告料￥70,000 を現金で支払った。

(ニ) 6月30日　宮崎工業に買掛代金￥103,000 を現金で支払った。

(ハ)　　　出　金　伝　票	(ニ)　　　出　金　伝　票
令和○年6月29日	令和○年6月30日
科目　広　告　費　　70,000	科目　買　掛　金　　103,000
（　大分商店　）	（　宮崎工業　）

広告費　70,000　現　金　70,000　　　　買掛金　103,000　現　　金　103,000

(ホ) 6月27日　電話料金￥33,000 がB銀行の普通預金から引き落された。

(ヘ) 6月30日　佐賀興業からC商品を仕入れ、代金￥100,000 は手形を振り出し支払う。

(ホ)　　　　　　　　　　振　替　伝　票
令和○年6月27日
（相手先：ＮＴＴ）
借方科目　通　信　費　　33,000　　　貸方科目　普通預金　　33,000

(ヘ)　　　　　　　　　　振　替　伝　票
令和○年6月30日
（相手先：佐賀興業）
借方科目　仕　　　入　　100,000　　　貸方科目　支払手形　　100,000

通信費　33,000　普通預金　33,000　　　　仕　入　100,000　支払手形　100,000

【例題2】　次の取引の場合、どのように伝票に記入するか答えなさい。

　取引：高松商店へ商品￥100,000を売り渡し、現金￥30,000を受取り残額は掛とした。

(1) 取引を分割して記入した場合

　　➡ 売上￥100,000 の内訳は現金による売上が￥30,000なのでこの部分は入金
　　伝票へ記入し、残りの掛売上の￥70,000については振替伝票に記入する。

仕　訳：　現　金　30,000　　　　売　上　100,000
売掛金　70,000

取引を「分解」する。

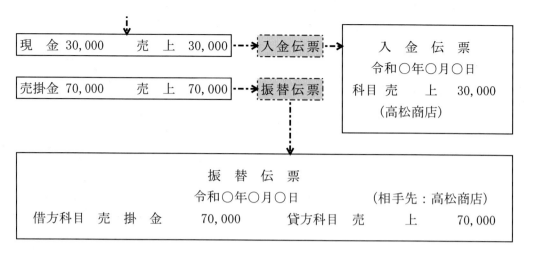

現 金 30,000　　　売 上 30,000 ┈→ 入金伝票 ┈→

```
入 金 伝 票
令和○年○月○日
科目 売　　上　　30,000
（高松商店）
```

売掛金 70,000　　　売 上 70,000 ┈→ 振替伝票 ┈→

```
振 替 伝 票
令和○年○月○日　　　（相手先：高松商店）
借方科目 売 掛 金　　70,000　　貸方科目 売　　上　　70,000
```

(2) 取引を総額で記入した場合

➡ 商品の販売が行われた場合、一度全額を掛で販売したものとして処理し、次に売掛金の一部を現金で回収したように記入する処理の方法がある。

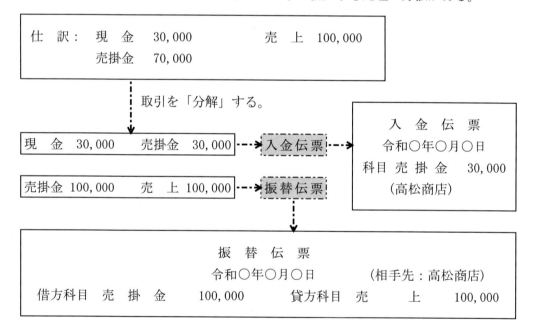

```
仕 訳：　現　金　　30,000　　　　売　上　　100,000
　　　　　売掛金　　70,000
```

取引を「分解」する。

現 金 30,000　　　売掛金 30,000 ┈→ 入金伝票 ┈→

```
入 金 伝 票
令和○年○月○日
科目 売 掛 金　　30,000
（高松商店）
```

売掛金 100,000　　　売 上 100,000 ┈→ 振替伝票 ┈→

```
振 替 伝 票
令和○年○月○日　　　（相手先：高松商店）
借方科目 売 掛 金　　100,000　　貸方科目 売　　上　　100,000
```

問題1　次の伝票にもとづいて、下記の仕訳欄にそれぞれの仕訳をしなさい。

（日商「簿記」第47回一部訂正）

```
出 金 伝 票
令和○年11月 1 日

科目 借 入 金　　350,000
```

```
入 金 伝 票
令和○年11月 2 日

科目 前 受 金　　230,000
```

	借方科目	金　額	貸方科目	金　額
11月 1日				
11月 2日				

問題2　商品を仕入れ、代金￥400,000 のうち￥100,000 を現金で支払い、残額を掛とした取引について、出金伝票を(A) のように作成したとして、(B)の振替伝票の記入をしなさい。

（日商「簿記」第60回）

```
(A)　出　金　伝　票

　　　仕　　入　　　100,000
```

(B)		振　替　伝　票		
借 方 科 目	金　　額	貸 方 科 目	金　　額

問題3　次の一取引で作られた2枚の伝票にもとづいて、下記の仕訳帳に仕訳を示しなさい。

（日商「簿記」第46回一部修正）

```
振　替　伝　票
令和○年12月12日

備　品　230,000　　未払金　230,000
```

```
出　金　伝　票
令和○年12月12日

科目　備　　　品　　　50,000
```

仕　訳　帳

日 付		摘　　　　　　　要	借　方	貸　方
		前ページより繰越	130,000	130,000

問題4　次の(1)および(2)の2枚の伝票は、それぞれある一つの取引について作成された ものである。これらの伝票から取引を推定して、その取引の仕訳を示しなさい。

（日商「簿記」第76回）

(1)

（A）　入　金　伝　票	
科　　　　　　　目	金　　額
売　　掛　　金	100,000

（B）　　　　　振　替　伝　票			
借　方　科　目	金　　　額	貸　方　科　目	金　　　額
売　　掛　　金	300,000	売　　　　上	300,000

(2)

（A）　出　金　伝　票	
科　　　　　　　目	金　　額
仕　　　　　　入	100,000

（B）　　　　　振　替　伝　票			
借　方　科　目	金　　　額	貸　方　科　目	金　　　額
仕　　　　　入	100,000	買　　掛　　金	100,000

（仕　訳）：

	借　　方	金　　額	貸　　方	金　　額
(1)	--------------	--------------	--------------	--------------
(2)	--------------	--------------	--------------	--------------

問題5　商品を売上げ、代金￥500,000のうち￥100,000 を現金で受取り、残額を掛とし た取引について、入金伝票を（A）のように作成した場合と（B）のように作成した場合の それぞれについて、振替伝票の記入を示しなさい。

（日商「簿記」第66回）

（A）

入　金　伝　票	
科　　　　　目	金　　額
売　　　　上	100,000

（A）

振　替　伝　票			
借　方　科　目	金　　　額	貸　方　科　目	金　　　額

（B）

入　金　伝　票	
科　　　　　目	金　　額
売　　掛　　金	100,000

（B）

振　替　伝　票			
借　方　科　目	金　　　額	貸　方　科　目	金　　　額

問題6　次の3枚の伝票にもとづいて仕訳帳に記入しなさい。小書きは不要である。 商品勘定は3分法によること。

（日商「簿記」第51回一部修正）

	入 金 伝 票		出 金 伝 票		仕 入 伝 票

入 金 伝 票
令和○年10月 1日

貸付金　　¥50,000

出 金 伝 票
令和○年10月 1日

未払金　　¥30,000

仕 入 伝 票
令和○年10月 2日
仕入先　　東京商店
仕入額　¥80,000(掛)

仕　訳　帳

日 付	摘　　　　　　　　　要	元丁	借　方	貸　方
	前ページより繰越		155,000	155,000
	（　　　　　　）			
	（　　　　　　）			
	（　　　　　　）			
	（　　　　　　）			
	（　　　　　　）			
	（　　　　　　）			

問題7　次の３枚の伝票にもとづいて仕訳帳に記入しなさい。小書きは不要である。

（日商「簿記」第61回一部修正）

入 金 伝 票
令和○年10月 6日

売掛金　　¥450,000

出 金 伝 票
令和○年10月 7日

受取家賃　　¥200,000

売 上 伝 票
令和○年10月 8日
得意先　　大阪商店
売上額 ¥150,000(掛)

仕　訳　帳

日 付	摘　　　　　　　　　要	元丁	借　方	貸　方
	前ページより繰越		235,000	235,000
	（　　　　　　）			
	（　　　　　　）			
	（　　　　　　）			
	（　　　　　　）			
	（　　　　　　）			
	（　　　　　　）			

解答編

第2章　簿記の要素（Ⅰ）

問題1

資　　　産	現金、土地、車両運搬具、貸付金、備品、建物
負　　　債	借入金、未払金、預り金
純 資 産	資本金

問題2

		借　　方	貸　　方
①	借金をした	現　　金	借 入 金
②	現金を貸し付けた	貸 付 金	現　　金
③	土地と建物を購入し代金は現金払い	土地・建物	現　　金
④	現金を預かった	現　　金	預 り 金

問題3

資産総額	1,550,000	負債総額	350,000	純資産額	1,200,000

第3章　簿記の要素（Ⅱ）

問題1

収　　　益	受取利息、運賃収入
費　　　用	支払利息、給料、雑費、広告料
純 損 益	¥115,000

問題2

	期　　　　　首			期　　　　　末			総収益	総費用	純損益
	資　産	負　債	純資産	資　産	負　債	純資産			
㋐	65,000	32,000	**33,000**	**88,000**	30,000	**58,000**	68,000	**43,000**	25,000
㋑	85,000	**53,000**	32,000	75,000	**31,000**	**44,000**	47,000	35,000	12,000
㋒	48,000	**5,000**	**43,000**	57,000	**22,000**	35,000	42,000	**50,000**	-8,000
㋓	**40,000**	18,000	22,000	**43,000**	20,000	**23,000**	4,000	3,000	**1,000**

第4章 仕訳と転記

(1) 電気代¥2,500を現金で支払った。この取引を仕訳すると、「現金で支払った」のだから、現金→(**プラスの要素**)→(**資 産**)→(**減 少**)だから

(貸)(**現　　金**)(2,500)

つぎに、現金の減少のかわりに資産や負債の増減があったわけではないから、「電気代」は電気代→費用が発生したことから→(**費 用**)→(**発 生**)だから、適切な勘定科目をつかって

(借)(**光 熱 費**)(2,500)

これを組み合わせて仕訳が完成する

(借)(**光 熱 費**)(2,500)　　　　(貸)(**現　　金**)(2,500)

(2) 借金¥200,000を利息¥10,000とともに現金で銀行に返済した。この取引を仕訳すると「現金で…返済した」のだから現金→(**プラスの要素**)→(**資 産**)→(**減 少**)だから

(貸)(**現　　金**)(210,000)

つぎに、借金の返済だから借金→(マイナスの要素)→(負 債)→(減 少)だから

(借)(**借 入 金**)(200,000)

しかし、この段階では借方金額は(200,000)であり、貸方金額は(210,000)であるから、金額が一致しない。差額の(10,000)は利息であり、利息の支払は資産や負債の増減ではないから「利息の支払」→費用が発生したことから→(**費 用**)→(**発 生**)だから、適切な勘定科目を使って

(借)(**支払利息**)(10,000)

これらを組み合わせて仕訳が完成する

(借)(**借 入 金**)(200,000)　　　　(貸)(**現　　金**)(210,000)
(借)(**支払利息**)(10,000)

①	現　　金	10,000	受 取 利 息	10,000
②	給　　料	100,000	現　　金	100,000
③	現　　金	30,000	受取手数料	30,000
④	車輌運搬具	500,000	現　　金	500,000
⑤	借 入 金	100,000	現　　金	110,000
	支 払 利 息	10,000		

現　　金　　　1		
前期繰越 700,000	②給　料	100,000
①受取利息 10,000	④車輌運搬具	500,000
③受取手数料 30,000	⑤諸　口	110,000

車輌運搬具　　　2	
④現　金 500,000	

借　入　金　　　3	
⑤現　金 100,000	前期繰越 100,000

受取利息　　　4	
	①現　金 10,000

受取手数料　　　5	
	③現　金 30,000

給　　料　　　6	
②現　金 100,000	

支払利息　　　7	
⑤現　金 10,000	

第5章　仕訳帳と総勘定元帳

仕　訳　帳　　　　　1

日	付	摘　　　　要	元丁	借　　方	貸　　方
5	15	（車輌運搬具）	3	650,000	
		（現　　金）	1		650,000
		商用車を購入し、代金は現金払い			
	17	（現　　金）	1	15,000	
		（受取手数料）	8		15,000
		手数料を受け取った			

総　勘　定　元　帳
現　金　　　　　1

日	付	摘　要	仕丁	借　　方	日	付	摘　要	仕丁	貸　　方
5	17	受取手数料	1	15,000	5	15	車輌運搬具	1	650,000

車輌運搬具　　　　　　3

日付		摘　　要	仕丁	借　　方	日付	摘　　要	仕丁	貸　　方
5	15	現　　金	1	650,000				

受取手数料　　　　　　8

日付		摘　　要	仕丁	借　　方	日付		摘　　要	仕丁	貸　　方
					5	17	現　　金	1	15,000

第6章　簿記一巡の流れ（Ⅰ）

問題1

現　　金　　1

4/ 1前期繰越 350,000	4/ 8給　料 50,000
5借入金 100,000	18備　品 80,000
10売　上 150,000	25光熱費 10,000

備　　品　　2

4/18現　金 80,000

借　入　金　　3

4/ 1前期繰越 50,000
5現　金 100,000

資　本　金　　4

4/1 前期繰越 300,000

売　　上　　5

4/10現　金 150,000

給　　料　　6

4/ 8現　金 50,000

光　熱　費　　7

4/25現　金 10,000

残　高　試　算　表
令和〇年4月30日

借　　　方	元丁	勘　定　科　目	貸　　　方
460,000	1	現　　金	
80,000	2	備　　品	
	3	借　入　金	150,000
	4	資　本　金	300,000
	5	売　　上	150,000
50,000	6	給　　料	

10,000	7	光　熱　費	
600,000			600,000

合 計 残 高 試 算 表
令和元年〇月〇日

借　　　方		元丁	勘 定 科 目	貸　　　方	
残　　　高	合　　　計			合　　　計	残　　　高
1,065,000	1,403,000	1	現　　　金	338,000	
80,000	80,000	2	貸　付　金		
200,000	200,000	3	車輌運搬具		
30,000	30,000	4	備　　　品		
		5	借　入　金	200,000	200,000
		6	資　本　金	1,000,000	1,000,000
		7	売　　　上	196,000	196,000
		8	受取手数料	7,000	7,000
20,000	20,000	9	給　　　料		
2,000	2,000	10	光　熱　費		
6,000	6,000	11	支 払 利 息		
1,403,000	1,741,000			1,741,000	1,403,000

第7章　簿記一巡の流れ(Ⅱ)

問題1
(1)

精　算　表

勘 定 科 目	残 高 試 算 表		損 益 計 算 書		貸 借 対 照 表	
現　　　金	60,000				60,000	
貸　付　金	40,000				40,000	
車 輌 運 搬 具	37,000				37,000	
備　　　品	10,000				10,000	
資　本　金		90,000				90,000
売　　　上		112,000		112,000		
給　　　料	50,000		50,000			
支 払 利 息	5,000		5,000			

当期（純利益）				57,000			57,000
	202,000	202,000	112,000	112,000	147,000	147,000

(2)

精 算 表

勘定科目	残高試算表		損益計算書		貸借対照表	
現　　　金	65,000				65,000	
貸　付　金	410,000				410,000	
車両運搬具	100,000				100,000	
借　入　金		250,000				250,000
資　本　金		300,000				300,000
売　　　上		90,000		90,000		
給　　　料	50,000		50,000			
広　告　料	15,000		15,000			
当期(純利益)			25,000			25,000
	640,000	640,000	90,000	90,000	575,000	575,000

問題2

精 算 表

勘定科目	残高試算表		損益計算書		貸借対照表	
現　　　金	60,000				60,000	
貸　付　金	350,000				350,000	
車　　　両	650,000				650,000	
建　　　物	800,000				800,000	
備　　　品	250,000				250,000	
借　入　金		232,000				232,000
資　本　金		1,850,000				1,850,000
売　　　上		480,000		480,000		
受　取　利　息		65,000		65,000		
給　　　料	450,000		450,000			
支　払　家　賃	45,000		45,000			
雑　　　費	22,000		22,000			
当期純利益			28,000			28,000
	2,627,000	2,627,000	545,000	545,000	2,110,000	2,110,000

第8章 決 算（1）

問題1

現	金	1
5/1 前期繰越 200,000	5/8 45,000	
7 150,000	9 55,000	
10 300,000	24 200,000	
15 150,000	25 50,000	
18 35,000	29 35,000	
19 250,000	31 次期繰越 700,000	
1,085,000	1,085,000	
6/1 前期繰越 700,000		

建	物	2
5/1 450,000	5/15 150,000	
	31 次期繰越 300,000	
450,000	450,000	
6/1 前期繰越 300,000		

備	品	3
5/1 前期繰越 100,000	5/31 次期繰越 155,000	
9 55,000		
155,000	155,000	
6/1 前期繰越 155,000		

借	入 金	4
5/31 次期繰越 500,000	5/1 前期繰越 350,000	
	7 150,000	
500,000	500,000	
	6/1 前期繰越 500,000	

資	本 金	5
5/31 次期繰越 655,000	5/1 前期繰越 400,000	
	31 損 益 255,000	
655,000	655,000	
	6/1 前期繰越 655,000	

役 務	収 益	6
5/31 損 益 550,000	5/10 300,000	
	19 250,000	
550,000	550,000	

受取	手数料	7
5/31 損 益 35,000	5/18 35,000	

給	料	8
5/24 200,000	5/31 損 益 200,000	

広	告 料	9
5/8 45,000	5/31 損 益 45,000	

支 払	家 賃	10
5/25 50,000	5/31 損 益 50,000	

支 払	利 息	11
5/29 35,000	5/31 損 益 35,000	

損	益	12
5/31 給 料 200,000	5/31 役務収益 550,000	
広告料 45,000	受取手数料 35,000	
支払家賃 50,000		
支払利息 35,000		
資本金 255,000		
585,000	585,000	

合 計 残 高 試 算 表
令和○年5月31日

借		方	元	勘 定 科 目	貸		方
残 高	合	計	丁		合	計	残 高

		No	勘定科目		
700,000	1,085,000	1	現　　金	385,000	
300,000	450,000	2	建　　物	150,000	
155,000	155,000	3	備　　品		
		4	借　入　金	500,000	500,000
		5	資　本　金	400,000	400,000
		6	役　務　収　益	550,000	550,000
		7	受取手数料	35,000	35,000
200,000	200,000	8	給　　料		
45,000	45,000	9	広　告　料		
50,000	50,000	10	支　払　家　賃		
35,000	35,000	11	支　払　利　息		
1,485,000	2,020,000			2,020,000	1,485,000

振替仕訳

借　　方	金　　額	貸　　方	金　　額
役　務　収　益	550,000	損　　　　益	585,000
受取手数料	35,000		
損　　　　益	330,000	給　　　料	200,000
		広　告　料	45,000
		支　払　家　賃	50,000
		支　払　利　息	35,000
損　　　　益	255,000	資　本　金	255,000

精　算　表

勘定科目	残高試算表		損益計算書		貸借対照表	
現　　金	700,000				700,000	
建　　物	300,000				300,000	
備　　品	155,000				155,000	
借　入　金		500,000				500,000
資　本　金		400,000				400,000
役　務　収　益		550,000		550,000		
受取手数料		35,000		35,000		
給　　料	200,000		200,000			
広　告　料	45,000		45,000			
支　払　家　賃	50,000		50,000			
支　払　利　息	35,000		35,000			

当期純利益			255,000			255,000
	1,485,000	1,485,000	585,000	585,000	1,155,000	1,155,000

損 益 計 算 書

令和○年 5月 1日から令和○年 5月31日まで

費　　　用	金　　　額	収　　　益	金　　　額
給　　　料	200,000	役 務 収 益	550,000
広　告　料	45,000	受 取 手 数 料	35,000
支 払 家 賃	50,000		
支 払 利 息	35,000		
当 期 純 利 益	255,000		
	585,000		585,000

貸 借 対 照 表

令和○年 5月31日

資　　　産	金　　　額	負債・純資産	金　　　額
現　　　金	700,000	借　入　金	500,000
建　　　物	300,000	資　本　金	400,000
備　　　品	155,000	当 期 純 利 益	255,000
	1,155,000		1,155,000

第9章　現金および預金

問題 1

①	現金過不足	15,000	現　　　金	15,000
②	旅　　　費	12,000	現金過不足	12,000
③	雑　　　損	3,000	現金過不足	3,000

問題 2

精 算 表

勘 定 科 目	残 高 試 算 表		修 正 記 入		損 益 計 算 書		貸 借 対 照 表	
現　　　金	25,000						25,000	
現金過不足			2,000	2,000				
受 取 利 息				1,500		1,500		
雑　　　益				500		500		

①	現　　　　金	15,000	受取手数料	15,000	
②	備　　　　品	150,000	当 座 預 金	100,000	
			当 座 借 越	50,000	
③	当 座 預 金	5,000	受 取 利 息	5,000	
④	当 座 預 金	200,000	備　　　　品	200,000	
⑤	当 座 借 越	300,000	貸 付 金	500,000	
	当 座 預 金	200,000			

問題4

当座預金出納帳

日 付		摘　　　　要	収　　入	支　　出	借または貸	残　高
6	5	口座開設	200,000		借	200,000
	10	電気代		12,500	〃	187,500
	25	備品購入		75,000	〃	112,500
	30	次月繰越		112,500		
			200,000	200,000		
7	1	前月繰越	112,500		借	112,500

第10章　小口現金

問題1

小口現金出納帳

受　　入	日	付	摘　　　　要	支　払	内　　訳			
					交通費	通信費	光熱費	雑　費
120,000	9	4	前 週 繰 越					
		4	タクシー代	3,500	3,500			
		5	切 手 代	1,000		1,000		
		6	帳簿・伝票	5,000				5,000
		7	電 話 代	2,800		2,800		
		8	バス回数券	1,000	1,000			
		9	電 気 代	2,600			2,600	
			合 　計	15,900	4,500	3,800	2,600	5,000
15,900	9		本 日 補 給					
		9	次 週 繰 越	120,000				
135,900				135,900				
120,000	9	11	前 週 繰 越					

9月9日の仕訳

交 通 費	4,500	小 口 現 金	15,900
通 信 費	3,800		
光 熱 費	2,600		
雑 費	5,000		
小 口 現 金	15,900	当 座 預 金	15,900

問題2

小口現金出納帳

受　　　入	日	付	摘　　　　　要	支　　払	内　　訳			
					交通費	通信費	光熱費	雑　　費
120,000	9	4	前 週 繰 越					
		4	タクシー代	3,500	3,500			
		5	切 手 代	1,000		1,000		
		6	帳簿・伝票	5,000				5,000
		7	電 話 代	2,800		2,800		
		8	バス回数券	1,000	1,000			
		9	電 気 代	2,600			2,600	
			合　　計	15,900	4,500	3,800	2,600	5,000
		9	次 週 繰 越	104,100				
120,000				120,000				
104,100	9	11	前 週 繰 越					
15,900		11	本 日 補 給					

第11章　商品売買取引

問題1

① 3,370,000　　② 4,975,000　　③ 3,170,000　　④ 1,805,000

問題2

①	仕　　　　入	465,000		買　掛　金	450,000
				当 座 預 金	15,000
②	現　　　　金	500,000		売　　　　上	500,000
③	売　掛　金	400,000		売　　　　上	400,000
	発　送　費	10,000		現　　　　金	10,000
④	売　　　　上	100,000		売　掛　金	100,000

	仕	入		繰 越 商 品	
⑤ 仕　　入	150,000	繰 越 商 品	150,000		
繰 越 商 品	100,000	仕　　入	100,000		
損　　益	515,000	仕　　入	515,000		
売　　上	800,000	損　　益	800,000		

問題3

仕　　入

①諸口	465,000	⑤繰越商品	100,000
⑤繰越商品	150,000	⑤損益	515,000
	615,000		615,000

繰 越 商 品

前期繰越	150,000	⑤仕入	150,000
⑤仕入	100,000	次期繰越	100,000
	250,000		250,000
前期繰越	100,000		

売　　上

④売掛金	100,000	②現金	500,000
⑤損益	800,000	③売掛金	400,000
	900,000		900,000

損　　益

⑤仕入	515,000	⑤売上	800,000

問題4

精　算　表

勘定科目	残 高 試 算 表		整 理 記 入		損 益 計 算 書		貸 借 対 照 表	
繰越商品	20,000		35,000	20,000			35,000	
：								
売　　上		650,000				650,000		
仕　　入	485,000		20,000	35,000	470,000			

- 163 -

第12章 仕入帳・売上帳

問題1

仕　入　帳

日	付	摘　　　　　　　　　　　要	内　　　訳	金　　　　額
7	1	A商店　　　　　　　　　掛		
		B商品（　50個　）（@￥1,000）		（ 50,000）
	5	C商店　　　　　　　　　掛		
		D商品（　20個　）（@￥1,300）	（26,000）	
		E商品（　30個　）（@￥1,400）	（42,000）	（ 68,000）
	10	**A商店　　　　　　　　　戻し**		
		B商品（　10個　）（@￥1,000）		**（ 10,000）**
	25	F商店　　　　　　　　　諸口		
		G商品（　40個　）（@￥1,100）	（44,000）	
		H商品（　20個　）（@￥1,200）	（24,000）	（ 68,000）
	31	（総仕入高）		（186,000）
	〃	（仕入戻し高）		**（ 10,000）**
		（純仕入高）		（176,000）

問題2

売　上　帳

日	付	摘　　　　　　　　　　　要	内　　　訳	金　　　　額
9	1	A商店　　　　　　　　　掛		
		B商品（　10個　）（@￥12,000）	（ 120,000）	
		C商品（　13個　）（@￥10,000）	（ 130,000）	（ 250,000）
	5	D商店　　　　　　　　　掛		
		E商品（　20個　）（@￥13,000）		（ 260,000）
	15	**A商店　　　　　　　　　戻り**		
		C商品（　3個　）（@￥10,000）		**（ 30,000）**
	25	F商店　　　　　　　　　諸口		
		G商品（　15個　）（@￥10,000）	（ 150,000）	
		H商品（　20個　）（@￥15,000）	（ 300,000）	（ 450,000）
	30	総売上高		（ 960,000）
	〃	（売上戻り高）		**（ 30,000）**
		（純売上高）		（ 930,000）

問題3

	現金当座預金出納帳	商 品 有 高 帳	得 意 先 元 帳	受取手形記入帳
8/ 4		○	（ Ａ 商 店 ）	
8/ 8	○	○	（ ）	
8/15		○	（ Ｅ 商 店 ）	○
8/25		○	（ Ａ 商 店 ）	

第１３章　商品有高帳

問題1

(イ) 先入先出法

商 品 有 高 帳

Ａ 商 品

日 付		摘　　要	受　　入			払　　出			残　　高		
7	1	前月繰越	40	460	18,400				40	460	18,400
	5	仕　　入	100	460	46,000				140	460	64,400
	10	売　　上				90	460	41,400	50	460	23,000
	20	仕　　入	100	490	49,000				50	460	23,000
									100	490	49,000
	25	売　　上				50	460	23,000			
						50	490	24,500	50	490	24,500
	31	**次月繰越**				**50**	**490**	**24,500**	50	490	24,500
			240		113,400	240		113,400			
8	1	前月繰越	50	490	24,500						

売 上 高	売 上 原 価	売上総利益
￥　119,000	￥　88,900	￥　30,100

(ロ) 移動平均法

商 品 有 高 帳

Ａ 商 品

日 付		摘　要	受　　入			払　　出			残　　高		
7	1	前月繰越	40	460	18,400				40	460	18,400
	5	仕　　入	100	460	46,000				140	460	64,400
	10	売　　上				90	460	41,400	50	460	23,000

20	仕　　入	100	490					150	480	72,000
25	売　　上				100	480	48,000	50	480	24,000
31	**次月繰越**				**50**	**480**	**24,000**			
		240		113,400	240		113,400			
8 1	前月繰越	50	480	24,000				50	480	24,000

売　上　高	売 上 原 価	売上総利益
￥　119,000	￥　　89,400	￥　　29,600

問題2

(1) 先入先出法

商 品 有 高 帳
B 商 品

日付	摘　　要	受　　入			払　　出			残　　高		
8 1	前月繰越	50	90	4,500				50	90	4,500
3	仕　　入	50	96	4,800				50	90	4,500
								50	96	4,800
4	売　　上				50	90	4,500			
					10	96	960	40	96	3,840
7	仕　　入	100	97.2	9,720				40	96	3,840
								100	97.2	9,720
10	売　　上				40	96	3,840			
					10	97.2	972	90	97.2	8,748

売上原価の計算		売上総利益の計算	
期首商品棚卸高 ……	(4,500)	売　上　高 ……	(11,500)
当期商品仕入高 ……	(14,520)	売 上 原 価 ……	(10,272)
合　計	(19,020)	売上総利益 ……	(1,228)
期末商品棚卸高 ……	(8,748)		
売　上　原　価 ……	(10,272)		

(2) 移動平均法

<u>商 品 有 高 帳</u>

B 商 品

日 付		摘　要	受	入		払	出		残	高	
8	1	前月繰越	50	90	4,500				50	90	4,500
	3	仕　入	50	96	4,800				100	93	9,300
	4	売　上				60	93	5,580	40	93	3,720
	7	仕　入	100	97.2	9,720				140	96	13,440
	10	売　上				50	96	4,800	90	96	8,640

<table>
<tr><td colspan="2"><u>売上原価の計算</u></td><td colspan="2"><u>売上総利益の計算</u></td></tr>
<tr><td>期首商品棚卸高 ……（　4,500　）</td><td></td><td>売　上　高 ……（ 11,500 ）</td><td></td></tr>
<tr><td>当期商品仕入高 ……（ 14,520 ）</td><td></td><td>売 上 原 価 ……（ 10,380 ）</td><td></td></tr>
<tr><td>　合　計　（ 19,020 ）</td><td></td><td>売上総利益 ……（　1,120　）</td><td></td></tr>
<tr><td>期末商品棚卸高 ……（　8,640　）</td><td></td><td></td><td></td></tr>
<tr><td>売 上 原 価 ……（ 10,380 ）</td><td></td><td></td><td></td></tr>
</table>

第１４章　売掛金・買掛金

問題1

1月 1日	売　掛　金	100,000	売　　　上	100,000
2日	仕　　　入	80,000	現　　　金	50,000
			買　掛　金	30,000
5日	買　掛　金	5,000	仕　　　入	5,000
10日	売　掛　金	150,000	売　　　上	150,000
	発　送　費	4,000	当 座 預 金	4,000
13日	売　　　上	10,000	売　掛　金	10,000
15日	当 座 預 金	50,000	売　掛　金	50,000
17日	買　掛　金	40,000	現　　　金	13,000
			当 座 預 金	27,000
20日	売　掛　金	123,000	売　　　上	120,000
			現　　　金	3,000
25日	仕　　　入	90,000	買　掛　金	88,000
			現　　　金	2,000

3月 1日	仕 入	90,000	買 掛 金(A)	90,000
3日	売 掛 金(B)	70,000	売 上	70,000
5日	買 掛 金(A)	5,000	仕 入	5,000
10日	現 金	50,000	売 掛 金(B)	50,000
15日	仕 入	100,000	買 掛 金(C)	100,000
18日	買 掛 金(C)	80,000	当 座 預 金	80,000
20日	売 掛 金(D)	120,000	売 上	120,000
25日	売 上	20,000	売 掛 金(D)	20,000

売 掛 金

3/1 前月繰越 200,000	3/10現 金 50,000
3 売 上 70,000	25売 上 20,000
20 売 上 120,000	

買 掛 金

3/5仕 入 5,000	3/1 前月繰越 150,000
18当座預金80,000	〃 仕 入 90,000
	15 仕 入 100,000

売 掛 金 元 帳

B 商 店

日	付	摘 要	借 方	貸 方	借または貸	残 高
3	1	前月繰越	150,000		借	150,000
	3	売 上	70,000		〃	220,000
	10	回 収		50,000	〃	170,000

D 商 店

日	付	摘 要	借 方	貸 方	借または貸	残 高
3	1	前月繰越	50,000		借	50,000
	20	売 上	120,000		〃	170,000
	25	返 品		20,000	〃	150,000

買 掛 金 元 帳

A 商 店

日	付	摘 要	借 方	貸 方	借または貸	残 高
3	1	前月繰越		80,000	貸	80,000
	〃	仕 入		90,000	〃	170,000
	5	値 引	5,000		〃	165,000

C　商　店

日	付	摘　　要	借　　方	貸　　方	借または貸	残　　高
3	1	前月繰越		70,000	貸	70,000
	15	仕　　入		100,000	〃	170,000
	18	支　　払	80,000		〃	90,000

問題3

3月 5日	売　掛　金(B)	70,000	売　　　　上	70,000
8日	売　　　　上	6,000	売　掛　金(B)	6,000
10日	現　　　　金	150,000	売　掛　金(B)	150,000
20日	売　掛　金(B)	90,000	売　　　　上	90,000
25日	売　　　　上	5,000	売　掛　金(B)	5,000

売　掛　金　元　帳
B　商　店

日	付	摘　　要	借　　方	貸　　方	借または貸	残　　高
3	1	前月繰越	130,000		借	130,000
	5	売　　上	70,000		〃	200,000
	8	返　　品		6,000	〃	194,000
	10	回　　収		150,000	〃	44,000
	20	売　　上	90,000		〃	134,000
	25	値　　引		5,000	〃	129,000
	31	**次月繰越**		**129,000**		
			290,000	290,000		
4	1	前月繰越	129,000		借	129,000

問題4

売掛金明細表

	4月25日	4月30日
A商店	¥　40,000	¥　33,500
B商店	30,000	38,000
	¥　70,000	¥　71,500

買掛金明細表

	4月25日	4月30日
C商店	¥　20,000	¥　25,000
D商店	10,000	20,700
	¥　30,000	¥　45,700

第15章 手 形

問題1

(1)	<A商店>	受 取 手 形	130,000	売　　　　上	130,000		
	<B商店>	仕　　　入	130,000	支 払 手 形	130,000		
(2)		当 座 預 金	128,128	受 取 手 形	130,000		
		手形売却損	1,872				
(3)	<C商店>	買 掛 金	50,000	売 掛 金	50,000		
	<D商店>	受 取 手 形	50,000	売 掛 金	50,000		
	<E商店>	買 掛 金	50,000	支 払 手 形	50,000		
(4)	<C商店>	仕訳なし					
	<D商店>	当 座 預 金	50,000	受 取 手 形	50,000		
	<E商店>	支 払 手 形	50,000	当 座 預 金	50,000		
(5)		仕　　　入	350,000	受 取 手 形	200,000		
				買 掛 金	150,000		
(6)	<F商店>	当 座 預 金	490,000	手形借入金	500,000		
		支 払 利 息	10,000				
	<G商店>	手形貸付金	500,000	当 座 預 金	490,000		
				受 取 利 息	10,000		

問題2

9月 5日	仕　　　入	250,000	支 払 手 形	250,000
10日	買 掛 金	130,000	支 払 手 形	130,000
10月25日	支 払 手 形	250,000	当 座 預 金	250,000

支 払 手 形 記 入 帳

日付		手形種類	手形番号	摘要	受取人	振出人	振出日		満期日		支払場所	手形金額	てん末		
							月	日	月	日			月	日	摘要
9	5	約	1	仕 入	H商店	当 店	9	5	10	25	J銀行	250,000	10	25	支払
	10	為	5	買掛金	M商店	K商店	9	10	10	31	N銀行	130,000			

問題3

(受取手形記入帳)

11月 1日	受 取 手 形	240,000	売　　　　上	240,000
5日	受 取 手 形	330,000	D　商　店	330,000
20日	買 掛 金	330,000	受 取 手 形	330,000
12月25日	当 座 預 金	240,000	受 取 手 形	240,000

第16章 その他の債権・債務

問題1

(1)	貸 付 金	500,000	現 金	500,000
(2)	当 座 預 金	540,000	貸 付 金	500,000
			受 取 利 息	40,000
(3)	現 金	600,000	借 入 金	600,000
(4)	借 入 金	600,000	当 座 預 金	615,000
	支 払 利 息	15,000		
(5)	現 金	40,000	有 価 証 券	55,000
	未 収 金	20,000	有価証券売却益	5,000
(6)	未 収 金	10,000	雑 収 入	10,000
(7)	有 価 証 券	100,000	未 払 金	100,000
(8)	<当 店>			
	前 払 金	50,000	当 座 預 金	50,000
	<F商店>			
	現 金	50,000	前 受 金	50,000
(9)	<当 店>			
	仕 入	300,000	前 払 金	50,000
			買 掛 金	250,000
	<F商店>			
	前 受 金	50,000	売 上	300,000
	売 掛 金	250,000		
(10)	立 替 金	40,000	現 金	40,000
(11)	給 料	200,000	立 替 金	40,000
			預 り 金	10,000
			現 金	150,000
(12)	現 金	15,000	預 り 金	15,000
(13)	買 掛 金	70,000	仕 入	70,000
	立 替 金	5,000	現 金	5,000
(14)	旅 費	25,000	仮 払 金	20,000
			現 金	5,000
(15)	仮 受 金	80,000	売 掛 金	50,000
			前 受 金	30,000
(16)	現 金	40,000	商 品 券	40,000
(17)	商 品 券	30,000	売 上	130,000
	現 金	100,000		

第１７章　有形固定資産・減価償却

(1)	備　　　品	610,000	当 座 預 金	600,000
			現　　　金	10,000
(2)	土　　　地	7,537,000	当 座 預 金	7,450,000
			現　　　金	87,000
(3)	車輌運搬具	1,200,000	当 座 預 金	700,000
			未 払 金	500,000

問題２

| 減価償却費 | 450,000 | 建　　　物 | 450,000 |

建　　　物

| 1/1 | 5,000,000 | 12/31 減価償却費 | 450,000 |

減価償却費

| 12/31 建　物 | 450,000 | | |

問題３

| 減価償却費 | 450,000 | 減価償却累計額 | 450,000 |

建　　　物

| 1/1 | 5,000,000 | | |

減価償却累計額

| | | 12/31 減価償却費 | 450,000 |

減 価 償 却 費

| 12/31 減価償却累計額 | 450,000 | | |

問題４

(1)	備　　　　　品	310,000	当 座 預 金	310,000
(2)	車 輌 運 搬 具	1,700,000	当 座 預 金	700,000
			未 払 金	1,000,000
(3)	土　　　　　地	25,770,000	当 座 預 金	25,770,000
(4)	現　　　　　金	230,000	備　　　　　品	252,000
	固 定 資 産 売 却 損	22,000		
(5)	現　　　　　金	1,500,000	建　　　　　物	3,000,000

	建物減価償却累計額	1,350,000			
	固 定 資 産 売 却 損	150,000			
(6)	備品減価償却累計額	270,000	備　　　　　品	500,000
	現　　　　　金	260,000	固 定 資 産 売 却 益	30,000

第１８章　有価証券

問題１

(1)	売買目的有価証券	480,000	当 座 預 金	480,000
(2)	現　　　　　金	70,000	受 取 利 息	70,000
(3)	現　　　　　金	3,000,000	売買目的有価証券	2,850,000
			有 価 証 券 売 却 益	150,000

問題２

(1)	売買目的有価証券	3,100,000	当 座 預 金	3,100,000
(2)	現　　　　　金	1,180,000	売買目的有価証券	1,240,000
	有 価 証 券 売 却 損	60,000		
(3)	現　　　　　金	60,000	受 取 配 当 金	60,000

問題３

(1)	現　　　　　金	4,850,000	売買目的有価証券	4,750,000
			有 価 証 券 売 却 益	100,000
(2)	売買目的有価証券	972,000	当 座 預 金	972,000
(3)	現　　　　　金	870,000	売買目的有価証券	900,000
	有 価 証 券 売 却 損	30,000		
(4)	売買目的有価証券	350,000	有 価 証 券 評 価 益	350,000

第１９章　貸倒れと貸倒引当金

問題１

| (1) | 貸 倒 損 失 | 230,000 | 売 掛 金 | 230,000 |
| (2) | 現　　　　　金 | 300,000 | 償却債権取立益 | 300,000 |

問題２

| (1) | 貸 倒 引 当 金 | 60,000 | 売 掛 金 | 70,000 |
| | 貸 倒 損 失 | 10,000 | | |

(2) 貸 倒 引 当 金　　　150,000　　　売　　掛　　金　　　150,000

(1) 貸 倒 引 当 金　　　160,000　　　売　　掛　　金　　　160,000
(2) 貸 倒 引 当 損　　　　　1,400　　　貸 倒 引 当 金　　　　　1,400
(3) 貸 倒 引 当 金　　　180,000　　　売　　掛　　金　　　220,000
　　 貸 倒 損 失　　　　　40,000

第20章　資本金と引出金

問題1

(1) 現　　　　　金　　1,000,000　　資　　本　　金　　1,000,000
(2) 損　　　　　益　　　250,000　　資　　本　　金　　　250,000
(3) 資　　本　　金　　　300,000　　損　　　　　益　　　300,000

問題2

(1) 引　　出　　金　　　25,000　　仕　　　　　入　　　25,000
(2) 引　　出　　金　　　50,000　　現　　　　　金　　　50,000
(3) 光　　熱　　費　　　20,000　　現　　　　　金　　　30,000
　　 引　　出　　金　　　10,000

問題3

(1) 引　　出　　金　　　350,000　　当 座 預 金　　　350,000
(2) 資　　本　　金　　　250,000　　引　　出　　金　　　250,000
　　 損　　　　　益　　　800,000　　資　　本　　金　　　800,000

問題4

(1) 売　　　　　上　　　450,000　　売　　掛　　金　　　450,000
(2) 売　　掛　　金　　　400,000　　売　　　　　上　　　400,000
(3) 買　　掛　　金　　　700,000　　当 座 預 金　　　700,000
(4) 買　　掛　　金　　　600,000　　売　　掛　　金　　　600,000

第21章　費用・収益の繰延と見越

問題1

3月31日	支払家賃	60,000	未払家賃	60,000
3月31日	損　益	720,000	支払家賃	720,000
4月1日	未払家賃	60,000	支払家賃	60,000

支払家賃

	660,000	3/31 損　益	720,000
3/31 未払家賃	60,000		
	720,000		720,000
		4/1 未払家賃	60,000

未払家賃

3/31 次期繰越	60,000	3/31 支払家賃	60,000
4/1 支払家賃	60,000	4/1 前期繰越	60,000

問題2

10月1日	現　金	360,000	受取家賃	360,000
12月31日	受取家賃	270,000	前受家賃	270,000
12月31日	受取家賃	90,000	損　益	90,000
1月1日	前受家賃	270,000	受取家賃	270,000

受取家賃

12/31 前受家賃	270,000	10/1 現金	360,000
〃 損　益	90,000		
	360,000		360,000
		1/1 前受家賃	270,000

前受家賃

12/31 次期繰越	270,000	12/31 受取家賃	270,000
1/1 受取家賃	270,000	1/1 前期繰越	270,000

問題3

(1)	支 払 家 賃	120,000	未 払 家 賃	120,000
(2)	未 収 利 息	5,000	受 取 利 息	5,000
(3)	前払保険料	10,000	支払保険料	10,000
(4)	受 取 地 代	60,000	前 受 地 代	60,000
(5)	消 耗 品	80,000	消 耗 品 費	80,000

問題4

精　算　表

勘定科目	残高試算表 借方	残高試算表 貸方	整理記入 借方	整理記入 貸方	損益計算書 借方	損益計算書 貸方	貸借対照表 借方	貸借対照表 貸方
：								
受 取 家 賃		60,000	25,000			35,000		
支 払 保 険 料	36,000			9,000	27,000			
消 耗 品 費	15,000			8,000	7,000			
：								
(前 払)保険料			9,000				9,000	
(前 受)家　賃				25,000				25,000
(消　耗　品)			8,000				8,000	

問題5

精　算　表

勘定科目	残高試算表 借方	残高試算表 貸方	整理記入 借方	整理記入 貸方	損益計算書 借方	損益計算書 貸方	貸借対照表 借方	貸借対照表 貸方
：								
消 耗 品	5,000			3,000			2,000	
受 取 手 数 料		50,000		9,000		59,000		
支 払 家 賃	44,000		4,000		48,000			
：								
(未 払)家　賃				4,000				4,000
(未 収)手数料			9,000				9,000	
(消 耗 品 費)			3,000		3,000			

第２２章　試算表(２)

問題1

合計残高試算表

令和３年10月31日

借方残高	借方合計	勘定科目	貸方合計	貸方残高
266,000	460,000	現　　　　金	194,000	
688,000	1,062,000	当　座　預　金	374,000	
116,000	344,000	受　取　手　形	228,000	
508,000	924,000	売　　掛　　金	416,000	
144,000	144,000	繰　越　商　品		
128,000	128,000	備　　　　品		
	120,000	支　払　手　形	460,000	340,000
	502,000	買　　掛　　金	973,000	471,000
	100,000	借　　入　　金	250,000	150,000
		資　　本　　金	1,000,000	1,000,000
		売　　　　上	1,052,000	1,052,000
793,000	823,000	仕　　　　入	30,000	
248,000	248,000	給　　　　料		
98,000	98,000	支　払　家　賃		
22,000	22,000	支　払　利　息		
2,000	2,000	手　形　売　却　損		
3,013,000	4,977,000		4,977,000	3,013,000

<table>
<tr><th colspan="3">売 掛 金 明 細 表</th><th colspan="3">買 掛 金 明 細 表</th></tr>
<tr><th></th><th>10月25日</th><th>10月31日</th><th></th><th>10月25日</th><th>10月31日</th></tr>
<tr><td>東 京 商 店</td><td>￥ 84,000</td><td>￥ 194,000</td><td>大 阪 商 店</td><td>￥ 80,000</td><td>￥ 135,000</td></tr>
<tr><td>神奈川商店</td><td>50,000</td><td>50,000</td><td>神 戸 商 店</td><td>120,000</td><td>190,000</td></tr>
<tr><td>埼 玉 商 店</td><td>34,000</td><td>264,000</td><td>名古屋商店</td><td>46,000</td><td>146,000</td></tr>
<tr><td></td><td>￥ 168,000</td><td>￥ 508,000</td><td></td><td>￥ 246,000</td><td>￥ 471,000</td></tr>
</table>

問題2

借		方	勘定科目	貸		方
(2)合　計	(1)月中取引高	前月繰越高		前月繰越高	(1)月中取引高	(2)合　計
18,200	12,200	6,000	現　　　金	720	8,300	9,020

29,660	12,500	17,160	当 座 預 金	9,450	13,200	22,650
13,400	5,000	8,400	受 取 手 形	7,500	4,000	11,500
18,025	10,000	8,025	売 掛 金	5,200	6,000	11,200
2,250		2,250	繰 越 商 品			
2,700		2,700	備 品			
5,000		5,000	土 地			
1,750		1,750	建 物			
8,000	2,000	6,000	支 払 手 形	8,100	2,000	10,100
5,025	1,200	3,825	買 掛 金	5,145	5,000	10,145
1,000	1,000		借 入 金	4,500		4,500
			資 本 金	15,000		15,000
25		25	売 上	16,575	23,000	39,575
			受 取 手 数 料	450		450
19,870	10,000	9,870	仕 入		500	500
4,275	3,000	1,275	給 料			
1,695	1,500	195	交 通 費			
165		165	広 告 費			
1,800	1,800		光 熱 費			
2,000	2,000		通 信 費			
500	500		支 払 利 息			
			受 取 家 賃		700	700
135,340	62,700	72,640		72,640	62,700	135,340

第２３章　決　算（２）

問題１

(1)	有価証券評価損	3,000	有 価 証 券	3,000
(2)	貸 倒 引 当 損	2,900	貸 倒 引 当 金	2,900
(3)	減 価 償 却 費	81,000	減価償却累計額	81,000
(4)	受 取 手 数 料	2,000	前 受 手 数 料	2,000
(5)	給　　　料	15,000	未 払 給 料	15,000
(6)	仕　　　入	50,000	繰 越 商 品	50,000
	繰 越 商 品	60,000	仕　　　入	60,000
(7)	前 払 保 険 料	3,000	支 払 保 険 料	3,000
(8)	支 払 利 息	9,000	未 払 利 息	9,000

問題2

(1)	売	上	200,000		売	掛	金	200,000
(2)	仕	入	300,000		買	掛	金	300,000
	仕	入	300,000		買	掛	金	300,000

問題3

(1)	有価証券評価損		300,000		有 価 証 券			300,000
(2)	資 本 金		250,000		損		益	250,000

問題4

(1)	未 収 家 賃		450,000		受 取 家 賃			450,000
(2)	損	益	125,000		資 本 金			125,000

問題5

(1)	売	上	300,000		損		益	300,000
	損	益	270,000		仕		入	200,000
					給		料	50,000
					雑		費	20,000
(2)	損	益	30,000		資 本 金			30,000

第24章　精算表(2)

問題1

精　算　表
(期間：省略)

勘定科目	残 高 試 算 表 借 方	残 高 試 算 表 貸 方	修 正 記 入 借 方	修 正 記 入 貸 方	損 益 計 算 書 借 方	損 益 計 算 書 貸 方	貸 借 対 照 表 借 方	貸 借 対 照 表 貸 方
現　　　金	103,000						103,000	
当 座 預 金	1,233,000						1,233,000	
受 取 手 形	500,000						500,000	
売　掛　金	1,450,000						1,450,000	
有 価 証 券	630,000						630,000	
貸 付 金	100,000						100,000	
繰 越 商 品	370,000		350,000	370,000			350,000	
備　　　品	800,000						800,000	
支 払 手 形		500,000						500,000
買　掛　金		765,000						765,000
借　入　金		1,000,000						1,000,000
貸倒引当金		10,000		29,000				39,000
減価償却累計額		140,000		90,000				230,000
資　本　金		2,500,000						2,500,000
仕　　　入	1,627,000		370,000	350,000	1,647,000			
給　　　料	250,000				250,000			
支 払 家 賃	300,000		10,000		310,000			
支 払 保 険 料	36,000			8,000	28,000			
事務用消耗品費	22,000				22,000			
売　　　上		2,360,000				2,360,000		
受 取 利 息		96,000		7,000		103,000		
受 取 手 数 料		50,000	4,000			46,000		
	7,421,000	7,421,000						
貸倒(引当損)			29,000		29,000			
減価償却費			90,000		90,000			
(未 払)家賃				10,000				10,000
(前 払)険料			8,000				8,000	
(未 収)利息			7,000				7,000	
(前 受)手数				4,000				4,000
当期純(利益)					**133,000**			133,000
			868,000	868,000	2,509,000	2,509,000	5,181,000	5,181,000

精　算　表
（期間：省略）

勘 定 科 目	残 高 試 算 表		修 正 記 入		損 益 計 算 書		貸 借 対 照 表	
	借 方	貸 方	借 方	貸 方	借 方	貸 方	借 方	貸 方
現　　　　金	113,000						113,000	
当 座 預 金	350,000						350,000	
売 　掛 　金	500,000						500,000	
有 価 証 券	220,000			20,000			200,000	
繰 越 商 品	150,000		180,000	150,000			180,000	
備　　　　品	280,000						280,000	
買 　掛 　金		265,000						265,000
借 　入 　金		400,000						400,000
貸 倒 引 当 金		4,000		6,000				10,000
減価償却累計額		72,000		42,000				114,000
資 　本 　金		700,000						700,000
売　　　　上		1,500,000				1,500,000		
受 取 配 当 金		15,000				15,000		
仕　　　　入	850,000		150,000	180,000	820,000			
給　　　　料	254,000				254,000			
支 払 家 賃	132,000		12,000		144,000			
通 　信 　費	70,000		8,000		78,000			
保 　険 　料	12,000			6,000	6,000			
支 払 利 息	25,000		9,000		34,000			
	2,956,000	2,956,000						
貸 倒 引 当 損			6,000		6,000			
有価証券評価損			20,000		12,000			
減 価 償 却 費			42,000		42,000			
（未払）家　賃				12,000				12,000
（未払）通信費				8,000				8,000
（前払）保険料			6,000				6,000	
（未払）利　息				9,000				9,000
当期純（利益）					111,000			111,000
			433,000	433,000	1,515,000	1,515,000	1,629,000	1,629,000

精　算　表
（期間：省略）

勘定科目	残高試算表		修正記入		損益計算書		借対照表	
現 金 預 金	140,000						140,000	
受 取 手 形	80,000						80,000	
売 掛 金	148,000						148,000	
有 価 証 券	100,000			2,000			98,000	
繰 越 商 品	150,000		210,000	150,000			210,000	
備 品	340,000						340,000	
支 払 手 形		100,000						100,000
買 掛 金		150,000						150,000
借 入 金		250,000						250,000
貸 倒 引 当 金		6,000		2,000				8,000
備品減価償却累計額		70,000		13,500				83,500
資 本 金		350,000						350,000
売 上		570,000				570,000		
受 取 手 数 料		38,000	8,000			30,000		
仕 入	420,000		150,000	210,000	360,000			
給 料	119,000				119,000			
広 告 費	16,500		3,500		20,000			
保 険 料	12,000			4,000	8,000			
支 払 利 息	8,500				8,500			
貸 倒 引 当 損			2,000		2,000			
減 価 償 却 費			13,500		13,500			
有 価 証 券 評 価 損			2,000		2,000			
未 払 広 告 費				3,500				3,500
前 払 保 険 料			4,000				4,000	
前 受 手 数 料				8,000				8,000
					533,000	600,000	1,020,000	953,000
当 期 純 利 益					**67,000**			67,000
	1,534,000	1,534,000	393,000	393,000	600,000	600,000	1,020,000	1,020,000

精　算　表
（期間：省略）

勘 定 科 目	残 高 試 算 表 借 方	残 高 試 算 表 貸 方	修 正 記 入 借 方	修 正 記 入 貸 方	損 益 計 算 書 借 方	損 益 計 算 書 貸 方	貸 借 対 照 表 借 方	貸 借 対 照 表 貸 方
現　　　　金	42,700						42,700	
当 座 預 金	120,000						120,000	
売　掛　金	165,000						165,000	
有 価 証 券	100,000			15,000			85,000	
繰 越 商 品	80,000		95,000	80,000			95,000	
備　　　　品	200,000						200,000	
買　掛　金		130,000						130,000
借　入　金		200,000						200,000
貸 倒 引 当 金		800		2,500				3,300
減価償却累計額		40,000		20,000				60,000
資　本　金		300,000						300,000
売　　　　上		679,000				679,000		
仕　　　　入	411,000		80,000	95,000	396,000			
有 価 証 券 利 息		4,900		4,900		9,800		
給　　　　料	120,000				120,000			
消 耗 品 費	60,000			15,000	45,000			
支 払 家 賃	44,000		4,000		48,000			
支 払 保 険 料	12,000			8,000	4,000			
	1,354,700	1,354,700						
貸 倒 引 当 損			2,500		2,500			
有 価 証 券 評 価 損			15,000		15,000			
減 価 償 却 費			20,000		20,000			
（消　耗　品）			15,000				15,000	
（支　払）利　息			9,600		9,600			
（未　払）利　息				9,600				9,600
（未収有価証券利息）			4,900				4,900	
（未　払）家　賃				4,000				4,000
（前　払）保険料			8,000				8,000	
当期純（利　益）					28,700			28,700
			254,000	254,000	688,800	688,800	735,600	735,600

問題5

精　算　表
（期間：省略）

勘 定 科 目	残 高 試 算 表		修 正 記 入		損 益 計 算 書		貸 借 対 照 表	
現　　　　　金	23,300						23,300	
当 座 預 金	95,000						95,000	
売 　掛　 金	30,000						30,000	
有 価 証 券	60,000			5,000			55,000	
貸 　付 　金	10,000						10,000	
繰 越 商 品	35,000		22,000	35,000			22,000	
備　　　　品	10,000						10,000	
建　　　　物	300,000						300,000	
買 　掛 　金		25,000						25,000
貸 倒 引 当 金		700		200				900
備品減価償却累計額		4,000		1,420				5,420
建物減価償却累計額		100,000		7,400				107,400
資 　本 　金		400,000						400,000
売　　　　上		117,000				117,000		
受 取 手 数 料		3,600		1,000		4,600		
仕　　　　入	80,000		35,000	22,000	93,000			
給　　　　料	5,800		1,000		6,800			
支 払 保 険 料	1,200			800	400			
貸 倒 引 当 損			200		200			
備品減価償却費			1,420		1,420			
建物減価償却費			7,400		7,400			
有価証券評価損			5,000		5,000			
未 収 手 数 料			1,000				1,000	
前 払 保 険 料			800				800	
未 払 給 料				1,000				1,000
当期純（利　益）					**7,380**			7,380
	650,300	650,300	73,820	73,820	121,600	121,600	547,100	547,100

第25章　損益計算書・貸借対照表

問題1

損　益　計　算　書

自令和△年11月 1 日 至令和○年（ 10 ）月（ 31 ）日

費　　　　用	金　　額	収　　　益	金　　額
（売 上 原 価）	（　　856,000 ）	売　　上　　高	（　1,280,000 ）
給　　　　料	220,000	（受 取 地 代）	（　　 58,000 ）
旅 費 交 通 費	16,000		
支 払 家 賃	87,000		
支 払 利 息	5,800		
（貸 倒 引 当 損）	（　　 1,700 ）		
（減 価 償 却 費）	（　　 3,500 ）		
雑　　　　費	1,300		
（当 期 純 利 益）	（　　**146,700** ）		
	（　1,338,000 ）		（　1,338,000 ）

貸　借　対　照　表

令和○年（ 10 ）月（ 31 ）日

資　　　　産	金　　　額	負債及び純資産	金　　　額
現　　　　金	（ 185,700）	支 払 手 形	（ 220,000）
当 座 預 金	（ 221,000）	買　　掛　　金	（ 308,000）
売　　掛　　金	(896,000)	借　　入　　金	（ 252,000）
貸 倒 引 当 金	（ 12,000）（ 884,000）	資　　本　　金	(1,500,000)
有 価 証 券	（ 600,000）	（当期純利益）	（ 146,700）
商　　　　品	175,000		
備　　　　品	(444,000)		
減価償却累計額	（ 83,000）（ 361,000）		
	(2,426,700)		(2,426,700)

問題2

損　益　計　算　書

太平洋商店　　自令和△年11月 1 日　 至令和○年（ 10 ）月（ 31 ）日

費　　　　用	金　　額	収　　　益	金　　額

費 用	金 額	収 益	金 額
売 上 原 価	(931,000)	（ 売 上 高 ）	(1,203,000)
給 料	90,000		
支 払 家 賃	20,700		
保 険 料	11,200		
貸 倒 引 当 損	10,000		
減 価 償 却 費	27,000		
支 払 利 息	1,100		
（有価証券評価損)	(1,000)		
（当 期 純 利 益)	**(111,000)**		
	(1,203,000)		(1,203,000)

貸 借 対 照 表

太平洋商店　　　　令和○年(10)月(31)日

資 産	金 額		負債及び純資産	金 額	
現 金		28,500	支 払 手 形		90,000
当 座 預 金		87,200	買 掛 金		255,000
売 掛 金	(450,000)		借 入 金		40,000
(貸 倒 引 当 金)	(35,000)	(415,000)	(未 払 家 賃)		(700)
有 価 証 券		(178,000)	(未 払 利 息)		(300)
商 品		(192,000)	資 本 金		500,000
(前 払 保 険 料)		(300)	(当 期 純 利 益)		(111,000)
(備 品)	(150,000)				
減価償却累計額	(54,000)	(96,000)			
		(997,000)			(997,000)

問題3

損 益 計 算 書

自令和△年３月１日　至令和○年(2)月(28)日

費 用	金 額	収 益	金 額
売 上 原 価	(736,500)	売 上 高	(1,204,400)
給 料	180,000	受 取（地 代)	(10,400)
支 払 家 賃	(66,000)		
支 払 保 険 料	47,400		
貸 倒 償 却	(3,000)		

減 価 償 却 費	(18,500)		
(当 期 純 利 益)	**(163,400)**		
	(1,214,800)		(1,214,800)

貸 借 対 照 表
令和○年2月28日

資　　　産	金　　額	負債及び純資産	金　　額
現　　　　　金	75,700	買　　掛　　金	211,000
当　座　預　金	201,000	前　受　地　代	(13,000)
売　　掛　　金	(796,000)	資　　本　　金	1,000,000
貸 倒 引 当 金	(6,300)(789,700)	(当 期 純 利 益)	(163,400)
商　　　　　品	105,000		
備　　　　　品	(315,000)		
減価償却累計額	(105,200)(209,800)		
前 払 保 険 料	(6,200)		
	(1,387,400)		(1,387,400)

第26章 伝 票

問題1

	借方科目	金　額	貸方科目	金　額
11月 1日	借　入　金	350,000	現　　　金	350,000
11月 2日	現　　　金	230,000	前　受　金	230,000

問題2

（B）	振　替　伝　票		
借 方 科 目	金　　額	貸方科目	金　　額
仕　　　　入	300,000	買　掛　金	300,000

問題3

<u>仕　訳　帳</u>

日	付	摘　　　　　　　　　要	元丁	借　　方	貸　　方
		前ページより繰越		130,000	130,000
12	12	（備　　品）　諸　口		280,000	
		（現　　金）			50,000
		（未　払　金）			230,000

問題4

	借　　方	金　　額	貸　　方	金　　額
(1)	現　　　金	100,000	売　　　上	300,000
	売　掛　金	200,000		
(2)	仕　　　入	200,000	現　　　金	100,000
			買　掛　金	100,000

問題5

(A)

振　替　伝　票			
借方科目	金　　額	貸方科目	金　　額
売　掛　金	400,000	売　　上	400,000

(B)

振　替　伝　票			
借方科目	金　　額	貸方科目	金　　額
売　掛　金	500,000	売　　上	500,000

問題6

<u>仕　訳　帳</u>

日	付	摘　　　　　　　　　要	元丁	借　　方	貸　　方
		前ページより繰越		155,000	155,000
10	1	（現　　金）		50,000	
		（貸　付　金）			50,000
	〃	（未　払　金）		30,000	
		（現　　金）			30,000
	2	（仕　　　入）		80,000	

		(買　掛　金)			80,000

問題7

仕　訳　帳

日 付		摘　　　　　　　　　要	元丁	借　方	貸　方
		前ページより繰越		235,000	235,000
10	6	(現　　　　金)		450,000	
		(売　掛　金)			450,000
	7	(受 取 家 賃)		200,000	
		(現　　　金)			200,000
	8	(売　掛　金)		150,000	
		(売　　　上)			150,000

〈著者紹介〉

田代 景子 （たしろ けいこ）　　東海学園大学経営学部　教授

簿記の基本技法　改訂版

2011年 6月20日　　初版発行
2020年 4月 1日　　改訂版発行

　　　　　　　　　　　　　　　　著　者　　田代 景子

定価（本体価格1,900円＋税）

発行所　　株式会社　三恵社
〒462-0056　愛知県名古屋市北区中丸町2-24-1
TEL 052（915）5211
FAX 052（915）5019
URL http://www.sankeisha.com

ISBN978-4-86693-227-9 C3037 ¥1900E　　Printed in Japan 2020